吳宏一

周易新繹

經傳編

【下】

參 下經

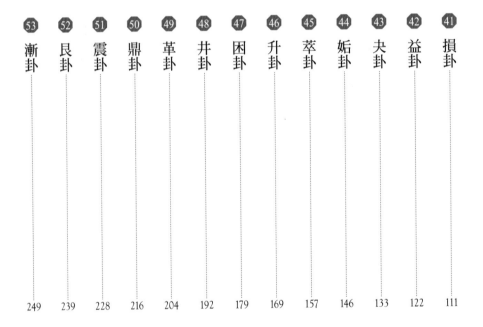

參

下經

（第三十一～六十四卦）

三十一、咸卦

解題

咸，原有殺傷之意，此則通「感」，即交感；又有「皆」義，故重彼此之間的觸動、感應。《序卦傳》云：「有天地，然後有萬物；有萬物，然後有男女；有男女，然後有夫婦；……然後禮儀有所錯」。

本卦以九四、九五為卦主。九四感於心胸，九五感於背脊，蓋可貞吉無悔。

一、卦形、卦體

䷞艮下兌上

【卦形淺說】

兌上艮下，就自然界言，兌為澤，艮為山，澤性柔，山性剛，有柔上而剛下之象。

自人倫言，兌為少女，艮為少男，男居女下，最易交感。

自卦德言，兌為悅，艮為止，悅而有所止，表示感情宜堅貞，不可三心兩意。

二、卦名、卦辭

咸：亨。利貞①：取女②，吉。

直譯

〈咸卦〉象徵交感：亨通。宜於卜問：娶女為妻，吉祥。

補注

金景芳《周易講座》云：「〈咸卦〉的卦辭與爻辭並不一致。卦辭講『取女吉』，而爻辭裡邊不講這個。六爻都只講『咸』。而且各爻都從人的身體取象，根本沒有提到『取女』，也沒有像《序卦傳》所說的『有男女然後有夫婦』等。……這個問題我們也應注意。」宏一按，此未必是，唯可備一說。說見後。

（一）彖傳

《彖》曰：咸，感也。柔上而剛下①，二氣感應以相與②，止而說③，男下女④，是以「亨，利貞，取女

注釋

①利貞：宜於卜問。一說：守正。即宜於正當固定。

②取：娶。取女，一般都解作娶女為妻。但也有人根據《說文》：「取，捕取也。」認為取有強制、控制之意。取女是搶奪女子，不是禮聘而來。此乃古代搶婚之習俗。

①柔上而剛下：此卦兌上艮下，兌性柔而艮性剛，故云。

②二氣：指陰陽爻。相與：相交合。

③止而說：此卦艮下兌上，艮為止，兌為悅，故云。說：古通「悅」。

④男下女：艮為少男，兌為少女。年少多情，男殷勤謙下求女，故云。

吉」也。

天地感而萬物化生⑤，聖人感人心而天下和平⑥。觀其所感，而天地萬物之情可見矣。

直譯

《彖傳》說：〈咸卦〉，象徵交感呀。陰柔居上而陽剛居下，陰陽二氣有了感應而互相交往，陽剛者靜止而陰柔者喜悅，表示男方要自己謙下對待女方，所以卦辭說：「亨，利貞，取女，吉」呀。

天地有了交感，而後萬物才化育生成；聖人感動人心，而後天下萬民才和諧安定。觀察它們所交感的現象，然後天地萬物的情況，也就可以看清楚了。

（二）大象傳

《象》曰：山上有澤①，感。君子以虛受人②。

直譯

⑤天地感句：此卦乾坤各三爻交感而成。

⑥天下和平：初、四正應，則二、三、四爻互卦為坎為水。

①山上有澤：是說山土受澤水浸潤。

②以虛受人：用謙虛的態度來接納別人的意見。就「

《大象傳》說：山上土石有泉水浸潤，象徵交感。君子因此取法，用謙虛的態度來接納別人的意見。

補注

〈咸卦〉卦體艮下兌上，即山在下，澤在上，故云「山上有澤」。山，屬陽，性剛；澤，屬陰，性柔。此柔上而剛下者，恰如《彖傳》所言：「二氣感應以相與，止而說，男下女」，唯有男方收斂陽剛之氣，以謙虛態度對待女方，才容易產生交感。

據王肅說：「山澤以氣通，男女以禮感。男而下女，初婚之所以為禮也。」（見《周易集解》引）高亨《周易大傳今注》亦云：「古代重男輕女，男尊女卑，唯婚禮有男下女之儀式。男親至女家以迎女，女升車，男授綏（綏形如索，繫於車上，人登車時手拽之）御車，走幾步。男先至己家，待女於門外。女至，男揖女以入。」這樣說來，〈咸卦〉不像上文金景芳所說「根本沒有提到取女」，又似與「取女」有關了。

君子」言，「以虛受人」的「人」，應指小人或女人。卦辭說：「取女吉」，故以女人為是。這句話是說男人要聽女人的話。

三、爻辭及小象傳

一 初六：咸其拇①。

《象》曰：「咸其拇」，志在外②也。

①咸：感。指觸動、捉住、控制。拇：腳的大拇趾。人身體的最下部分。

②志在外：心志還要向外發展。此指初六與六四正應。只能動足，還不足以動人。外：即指上。

直譯

初六爻辭：觸動他腳部的大拇趾。

《小象傳》說：所謂「咸其拇」，是指初六的志向還在於向上發展呀。

補注

此卦六爻皆從人的身體取象：初爻是拇，即大腳趾；二爻是腓，即腿肚；三爻是股，即大腿；四爻是「憧憧」之「思」，即心腹。五爻是脢，即背部；上爻是輔、頰、舌，即口舌。上卦象上體，下卦象下體。說明男女夫婦的交感，由下而上，列出最常接觸的部位。

腳趾是人體的最下部分，不是觸感的目標，勢必還要往上。

二　六二：咸其腓。凶，①居吉②。

《象》曰：雖「凶，居吉」，順不害③也。

直譯

六二爻辭：觸動他的小腿後脛。雖然凶險，但只要安靜不動就沒事。

《小象傳》說：爻辭雖然表示「凶險，但只要安靜不動就沒事」，意思是只要柔順就不會有災禍呀。

補注

俞琰《周易集說》：「順，當作慎。古字順、慎通用。」宏一按，慎有禮防之意。朱熹《周易本義》即云：「此卦雖主於感，然六爻皆宜靜，不宜動也。」

① 咸其腓：指六二與九五正應，但失艮止之禮，故凶。腓：同「肥」，脛部（小腿）後面的腿肚，古稱腓腸。

② 居吉：居則吉。居：靜止不動。指六二不必強求正應九五，而承比九三則吉。

③ 順不害：順則不害；柔順則無災害。指六二以柔居中，上承諸陽爻。陰本當順陽，故順而無害。一說：順，慎、小心。

三 九三：咸其股①，執其隨②，往吝③。

《象》曰：「咸其股」，亦不處④也。志在「隨」人⑤，所執下⑥也。

直譯

九三爻辭：觸動他的大腿，控制他的臀部，前進會有困難。

《小象傳》說：所謂「咸其股」，是表示九三也不是靜止不動呀。它所執意親近的，是在下位的六二呀。

補注

此爻是說九三陽剛，宜有主見，它居內卦艮之上位，艮為止，即表示不可妄動。如果固執跟隨著陰柔小人（初六、六二），則必卑下而蒙羞矣。

四 九四：貞吉，悔亡①。憧憧往來②，朋從爾思③。

①股：大腿。接近臀部。大腿隨腓而動。
②執其隨：堅持守住它的隨從。指九三不與上六相應，而親比隨從六二。執：固執。隨：借為骽，腿部的上頭，指六二。
③往吝：指九三以陽隨陰而動，有「吝」之象。
④處：居，靜止不動。
⑤隨人：指九三與六二親比。
⑥執下：親比下位。下：卑下之位，指六二。

《象》曰：「貞吉，悔亡」，未感害也。「憧憧往來」，未光大也。

直譯

九四爻辭：能固守正道才吉祥，悔恨也將消失。來來往往，忐忑不安，他們都將順從你的意願。

《小象傳》說：所謂「貞吉，悔亡」，是因為沒有因交感而受到傷害呀。所謂「憧憧往來」云云，是表示它還不能光明正大呀。

①貞吉：貞則吉。守正才吉利。九四以陽居陰，不正。悔亡：悔恨消失。

②憧憧：往來不絕的樣子。一說：心志不定的樣子。四爻居兩卦之間，往來進退，本就兩難。

③朋從爾思：朋友們都會聽從你的思慮意願。一說：思，語詞，無義。爾：指九四。朋：指三、五，皆陽爻。

補注

此卦以人身為喻，對照九三的「咸其股」，九五的「咸其脢」，此爻所交感的，應是「咸其心」或「咸其腹」，心胸心腹的部位。所以「朋從爾思」的「思」，應解作思慮或心思，而不宜作虛字語詞。又，按文理，「貞吉，悔亡」二句，應在句末。

《繫辭下傳》曾引孔子闡述此爻的話：「日往則月來，月往則日來，日月相推而明生焉。寒往則暑來，暑往則寒來，寒暑相推而歲成焉。往者屈也，來者信也，屈信相感而利生焉。」即從交感來談「利貞」的道理。

五 九五：咸其脢①，无悔。

《象》曰：「咸其脢」，志末②也。

①脢：音「梅」，背部脊骨上的肉。

②志末：志向在末梢。末：指上爻。此爻以脊背喻九五為三、四兩陽爻所阻，不能與九二相應，因此所感在上。但也暗示與外物缺少交流，雖然無悔，卻顯得小氣。

直譯

九五爻辭：觸動他的背脊肉，沒有悔恨。

《小象傳》說：所謂「咸其脢」，是表示意向還在上頭呀。

補注

俞琰《周易集說》以為「志末」的「末」，當作「未」字，下脫「發」字。他說：「在心為志，出口為言。言，心聲也。咸其脢，則言未出口，而其志在心未發也，不及无悔。蓋其志未發，則其无悔可知矣。」他這樣推測是有道理的。因為「發」與九四的「未感害」、「未光大」的「害」、「大」二字，古代是可叶韻的。

六 上六：咸其輔、頰、舌①。

《象》曰：「咸其輔、頰、舌」，滕口說②也。

① 輔頰舌：猶言頭臉。輔：上牙床。頰：面頰，臉部。

② 滕口說：騰其口舌說話。滕：通「騰」，意思是口若懸河、滔滔不絕，但也有貶抑的言外之意，其為凶咎可知。

直譯

上六爻辭：觸動了他（她）的頭臉（唇齒、面頰、舌頭）。《小象傳》說：所謂「咸其輔、頰、舌」，是表示翻騰口舌滔滔不絕的說話呀。

補注

「上六」是陰爻，象徵小人，居上卦兌的頂點，兌為悅，表示善於取悅於人。「咸其輔、頰、舌」，正說明小人會花言巧語，鼓其三寸不爛之舌，撥弄是非，不是君子該有的態度。

女人一向比男人口才好，善於「滕口說」，在古人心目中，這與小人頗相類似，所以，孔子說：「唯女子與小人為難養也」。

新繹

程頤《伊川易傳》云：「天地，萬物之本；夫婦，人倫之始」，又云：「上經首〈乾〉〈坤〉，下經首〈咸〉繼以〈恆〉也。天、地二物，故二卦分為天、地之道。男女交合而成夫婦，故〈咸〉與〈恆〉二體合為夫婦之意。咸，感也，以說（悅，下同）為主。恆，常也，以正為本。而說之道自有正也，正之道固有說焉。巽而動，剛柔皆應，說也。〈咸〉之為卦，兌上艮下，少女、少男也。男女相感之深，莫如少者，故二少為咸也。艮體篤實，止為誠愨之義。男志篤實以下交，女心說而上應。男感之先也，男先以誠感，則女說而應也。」

程頤的《伊川易傳》，不但把《易經》六十四卦分上經下經，上經三十卦從宇宙自然、天地萬物說起，下經三十四卦從社會文明、人倫道德說起，而且把〈乾〉〈坤〉為上經之首、〈咸〉〈恆〉為下經之首的道理，講得頭頭是道。尤其上引的這些話，更把「咸，感也」的道理，講得合乎情而達乎禮，不愧是宋代理學名家。「咸」的本義未必是「感」，但經過程頤這樣的解釋，《易傳》中像《繫辭傳》和《序卦傳》所要闡述的「有天地然後有萬物，有萬物然後有男女……」的種種說法，都在此熔為一爐，成為儒家傳誦今古的至理名言。

三十二、恆卦

解題

恆，即經常、長久。《序卦傳》：「夫婦之道，不可以不久也，故受之以〈恆〉。」《雜卦傳》：「〈咸〉，速也；〈恆〉，久也。」〈咸〉〈恆〉反覆為對，就時間言，一為短暫，一為長久。

上卦〈咸卦〉與此卦皆言交感，〈咸卦〉取少男少女之易感而未必能久，此卦取長男長女為喻，蓋有所不同。

本卦以九二、六五為卦主。

一、卦形、卦體

䷟巽下震上

【卦形淺說】

卦體震上巽下，震為雷為動，巽為風為順，男在上，女在下，此乃夫婦常情；又，震為長男，巽為長女；男在外，女在內，此為夫婦之常情，故有「恆」之象。就卦象言，初與四、二與五、三與上皆正應，陰陽和諧，經常交往，故有「恆」之象。

二、卦名、卦辭

恆：亨，无咎；利貞，利有攸往。

直譯

〈恆卦〉象徵經常、長久：亨通，沒有差錯；宜於固守正道，宜於有所行動。

補注

恆有常、長二義。「常」指形態固定不改變，常常。「長」指時間不間斷，久久。「利貞」屬於前者，講的是正道不變易；「利有攸往」屬於後者，講的是活動時間不停止。〈恆卦〉所講的道理，兼攝有這兩層意義。

（一）彖傳

《彖》曰：恆，久也。剛上而柔下①，雷風相與②，巽而動，剛柔皆應，③恆。「恆：亨，无咎；利貞」，久于其道也。天地之道，恆久而不已也。

「利有攸往」，終則有始④也。

日月得天而能久照，四時變化而能久成，聖人久於其道而天下化成。觀其所恆，而天地萬物之情可見矣。⑤

直譯

《彖傳》說：〈恆卦〉，象徵長久啊。陽剛在上，而陰柔在下，雷、風互相助力；巽順而震動，陽爻陰爻都能相應，這就是〈恆卦〉的象徵。

所謂「恆：亨，无咎；利貞」，是由於長久已在這道理上用心呀。天地的道理，是經常長久而不停止的呀。

所謂「利有攸往」，是表示有終止就又有重新開始的道理呀。

日月在天空輪流出現而能長久照耀，四季依時序交替而能長久成就萬物，聖人長久在這道理上用心，因而天下百姓感化成功。觀察天、地、聖人他們所恆常秉持的道理，那麼天地萬物的實際情況，也就可以看得清楚了。

注釋

①剛上而柔下：此卦震在上，為雷而剛；巽在下，為風而柔；此為恆道，故云。

②相與：相助，相合。

③巽而動二句：見「卦形淺說」。皆應：指初四爻、二五爻、三上爻皆陰陽兩爻相交應。

④終則有始：一階段結束，另一階段又開始，始終不已之意。有：又。

⑤日月得天以下末段：就三才天地人言之。人為萬物之靈，而聖人則為萬民之靈。

（二）大象傳

《象》曰：雷風①，恆。君子以立不易方②。

① 雷風：雷動風應的意思。此卦震上巽下，震為雷，巽為風，故云。

② 立不易方：即從一而終，立身處世不改變原則。立：立身。方：方向，道理。

直譯

《大象傳》說：雷在上，風在下，這是〈恆卦〉永久不變的象徵。君子因此效法來立身處世，堅守原則，不改變方向。

補注

《繫辭下傳》：「〈恆〉，雜而不厭」，又云：「〈恆〉以一德」，此皆所謂「立不易方」。唐代李鼎祚《周易集解》引虞翻云：「恆德之固，立不易方，從一而終，故一德者也。」就因為一心一德，故能「雜而不厭」。

三、爻辭及小象傳

一 初六：浚恆①，貞凶②。无攸利。

《象》曰：「浚恆」之「凶」，始求深③也。

① 浚恆：挖深不停。一說：深求常道。浚：挖深，疏濬。原作「濬」。

② 貞凶：雖貞正卻凶險。

③ 始求深：一開始就求之過深。表示操之過急，反而有失常道，不能長久。

直譯

初六爻辭：深挖不停，如果堅持不改就有凶險。沒有什麼好處。

《小象傳》說：初六所謂「浚恆」的凶險，是因為一開始就求之過深呀。

二 九二：悔亡①。

《象》曰：九二「悔亡」，能久中②也。

直譯

九二爻辭：懊悔消失了。

《小象傳》說：九二爻所謂「悔亡」，是由於能長久堅守中道呀。

補注

九二爻辭沒有占象之辭，只有占斷之辭「悔亡」二字，令人

① 悔亡：悔意消失。亡：通「無」。指九二陽居陰位，本當懊惱，然以居中，且上應六五，故無悔。

② 久中：長久居於中位。指九二居中，且與六五正應。

費解。因為有《小象傳》的解釋「能久中也」，我們才能根據九二的爻象，知道九二雖以陽居陰位，但因能恆久固守中道，並取得六五的支持，所以雖有悔恨，不久也就消失了。

三 九三：不恆其德①，或承之羞②。貞，吝。③

《象》曰：「不恆其德」，无所容④也。

直譯

九三爻辭：不能長久守住他的德行，有時就會承受它所帶來的羞辱。雖然貞正沒錯，卻令人惋惜。

《小象傳》說：所謂「不恆其德」，是表示沒有地方容身（安頓自己）呀。

補注

「不恆其德，或承之羞。」二語，見《論語．子路篇》，亦

①不恆其德：不能長久守其德行。指九三以陽居陽，難免過於剛強。

②或：有時，可能。一作「咸」。之：指上句「不恆其德」。

③貞吝：雖貞而吝。雖然貞正，卻令人惋惜。

④无所容：無處容身，沒有容身之所。指九三過於剛強，又處於〈巽卦〉順之極，有時進退兩難。

見《禮記．緇衣篇》。或字，陸德明《經典釋文》云：「鄭本作咸。」

楊軍《周易經傳校異》據《後漢書．馬廖傳》引此二語下，有鄭玄注云：「巽為進退，不恆其德之象。又互體兌，兌為毀折，後將有羞辱也。」以為「將有羞辱」為或然之辭；又以馬王堆帛書本亦作「或」，故主張仍採舊說。

宏一按，其說是。

四 九四：田，无禽。①

《象》曰：久非其位②，安③得禽也？

直譯

九四爻辭：田獵，沒有捉到禽獸。

《小象傳》說：長久不在自己應守的位置上，怎麼能夠捕獲禽獸呢？

①田：田獵。古代王侯常定時出外打獵。田獵時有一定的規制。无禽：指沒有捕獲到禽獸獵物。禽：同「擒」。九四應初六，而初六陰虛，故云。

②久：卦名恆。非其位：指九四以陽居陰，不當位。

③安：焉，怎麼。

補注

孔穎達《周易正義》：「田者，田獵也，以譬有事也；無禽者，田獵不獲，以喻有事無功也。」

五 六五：恆其德①，貞。婦人吉，夫子②凶。

《象》曰：婦人貞吉，從一而終③也。夫子制義④，從婦，凶也。

① 恆其德：長久固守其德行。指六五以陰爻居中位，下應九二，有柔順之德。
② 夫子：此指成年有地位的賢人。
③ 從一而終：跟隨一個丈夫，到死為止。表示始終不變。
④ 制義：制定禮義。一說：裁斷是非，拿定主意。

直譯

六五爻辭：長久堅持他的意志，在於固守正道。婦人如此吉祥，但男人如此則凶險。

《小象傳》說：婦人守貞就會吉祥，是因為她跟定一個丈夫就到死為止呀。但有地位的成年男人，要遵守制定的各種禮儀公義，如果事事都聽從婦人的意見，就會有凶險呀。

補注

古代婦人主內，少涉世務，故於制義之事有所不知，又因富於情感，容易偏聽，故古人說：「婦人之言，慎不可聽。」慎者，順也。《孟子．滕文公下》篇云：「必敬必戒，無違夫子，以順為正者，妾婦之道也。」敬戒即慎。慎之一字，大有可想。

六 上六：振恆①。凶。

《象》曰：「振恆」在上②，大无功也。

①振恆：動搖不停。指上六以陰柔而居〈震卦〉之極，因動搖不止而無法守其恆道。一說：動搖常道。

②在上：在上位。指上六居〈震卦〉的上位。太后之流。

直譯

上六爻辭：動搖不停。凶險。

《小象傳》說：由於所謂「振恆」者居於上位，所以大大沒有成功機會呀。

補注

「振恆」的意思，其實就是指在上位者心神不寧，意志不堅定。這樣的話，有如牝雞司晨，當然「凶」、「大無功」了。

新繹

上文說過，周朝是講究君權至上、男尊女卑的封建社會，女以男為尊，婦以夫為主，因此男上女下、夫唱婦隨，被視為天經地義。《周易》自是維護這個傳統，《易傳》自是闡釋這個道理，但在〈咸〉、〈恆〉二卦此一組合之中，我們看到的，卻是不盡相同的語言，不盡相同的觀念。

〈咸卦〉說的是「取女，吉」，要「柔上而剛下」、「男下女」，要「君子以虛受人」；〈恆卦〉說的雖然是「剛上而柔下」，看似與「柔上而剛下」相反，但下文說的卻是「雷風相與，巽而動，剛柔皆應」，表示男女、夫婦雙方要同心協力，互助合作。這樣才能夠恆久。因此，〈咸卦〉是「亨，利貞」，而〈恆卦〉則是「亨，无咎；利貞，利有攸往。」

三十三、遯卦

解題

遯，通「遁」，退讓、逃避。《序卦傳》：「物，不可以久居其所，故受之以〈遯〉。遯者，退也。」此卦為「消息卦」之一，代表六月。

本卦以六二、九五為卦主。

一、卦形、卦體

䷠艮下乾上

【卦形淺說】

卦體乾上艮下，乾為天，艮為山，天下有山，乃退避在後之象。

二、卦名、卦辭

遯①：亨②，小利貞③。

直譯

〈遯卦〉象徵退避：亨通，卑小者宜於固守常道。

（一）彖傳

《彖》曰：「遯，亨」，遯而亨也。剛當位而應①，與時行②也。「小利貞」，浸而長③也。遯之時義④大矣哉！

直譯

《彖傳》說：所謂「遯，亨」，是表示雖然退避，但還是亨通呀。陽剛者在適當的尊位上，而且能與陰柔者相呼應，因此可以順應時勢來做事呀。所謂「小利貞」，是表示卑下的小人正逐漸在增長呀。

〈遯卦〉所應把握時機的道理，真是太重要了吧！

補注

九五以陽爻居陽位，又居上卦之中，與下卦之中的六二正

注釋

①遯：退讓，逃避。有人以為遯即「遁」的本字，遁的本義是因循、遷延。

②亨：通達。天見高山，退避其後，乃一時現象。比喻遯世君子之退讓，亦一時之事，可待機復出，故進退皆宜。

③小利貞：指初、二兩爻皆陰，陰者小，引喻卑小者宜於守常，以免妨害在上位者。

①剛當位而應：指九五爻居中得正，又與下卦之六二相應。

②與時行：與時偕行。順應時勢來做事。

③浸而長：正逐漸增長。指初六、六二兩爻皆陰，象

應，此時九五可以把握時機而有所行動，不一定需要退避小人；然而小人一旦有了成長增強的趨勢，他們只要能固守一些常道，也一樣會成功的，因此君子在此決定進退的關鍵時刻，要不要退避，所顯示的時間意義就非常重要了。

（二）大象傳

《象》曰：天下有山①，遯。君子以遠小人，不惡②而嚴。

直譯

《大象傳》說：天空下面有高山，可供遁世者隱居，這是〈遯卦〉的象徵。君子因此效法卦象，遠離小人，雖然不直接表示厭惡，卻仍然嚴肅莊重，保持距離。

補注

李鼎祚《周易集解》引崔憬之說：「天喻君子，山比小人。小人浸長，若山之侵天；君子遯避，若天之遠山。」宏一按，此

徵小人。如果繼續增長，將侵犯君子。

④時義：適當時機的意義。

①天下有山：此卦乾上艮下，乾為天，艮為山，故云。隱遁者通常隱居山中。

②不惡：不必表示嫌厭。一說：不兇厲。以免得罪小人。

釋「天下有山」，頗獲我心。

三、爻辭及小象傳

一 初六：遯尾①，厲。勿用有攸往。

《象》曰：「遯尾」之「厲」②，不往，何災也？

① 遯尾：藏在末尾。是說退避時落在末尾。尾：後頭。

② 遯尾之厲：初六爻辭的省文。

直譯

初六爻辭：退避時落在後頭，就有危險。不宜採取什麼積極的行動。

《小象傳》說：所謂「遯尾」的危險云云，假使不採取積極的行動，哪裡會有什麼災禍呢？

補注

需要退避隱遯的時代，也就是小人當道得勢的時刻。識得時機的君子，已先逃避了，遲疑而落在後頭的，如果還想有積極的行動和表現，當然有招忌受害的危險。最好是該退則退，等待復出的時機。

二 六二：執之用黃牛之革①，莫之勝說②。

《象》曰：「執」用「黃牛」③，固志④也。

直譯

六二爻辭：用黃牛皮做的繩索綑綁起來，沒有人能把它解開逃脫。

《小象傳》說：綑綁用黃牛皮，是表示堅定意志呀。

補注

六二爻在下卦之中，陰爻居陰位，又與九五爻陰陽正應，象徵柔順追隨九五。此用黃牛皮革綑綁不能解脫為喻，象徵意志堅定。《周易集解》引用侯果之說，以為殷紂衰亡之際，箕子不肯行遯避禍，即是一例。

① 執：綑綁，捉住。革：此指用黃牛皮做成的皮條。黃牛的皮堅韌。二爻居中，故稱黃。

② 莫之勝說：即莫勝說之。沒有人能把它解開。之：指革。勝：能。說：脫。此指六二與九五正應，願隨其同進退，其志堅定不可移。

③ 執用黃牛：爻辭「執之用黃牛之革」的省文。

④ 固志：堅定意志。

㊂九三：係遯①，有疾厲②。畜臣妾③，吉。

《象》曰：「係遯」之「厲」④，有疾憊⑤也。「畜臣妾，吉」，不可大事⑥也。

① 係遯：內心有所牽繫的退隱。係：繫。
② 有疾厲：會有疾病和危險的事。
③ 畜臣妾：蓄養臣僕小妾。此指以酒色自娛的意思。此指九三不能與上九相應，卻親比初六、六二兩陰爻。陰喻小人。
④ 係遯之厲：九三爻辭的省文。
⑤ 憊：疲倦不堪。
⑥ 不可大事：不能參與國家大事。

直譯

九三爻辭：內心有所牽繫的退隱，會有生病的危險。如果蓄養臣僕小妾，反而平安無事。

《小象傳》說：所謂「係遯有疾」的危險，是可能會心悶生病而疲弱不堪呀。所謂「畜臣妾，吉」，是向外表示不會再參與國家大事了呀。

補注

「係遯」不是真心想退隱，所以心中還有所牽掛。這種人退隱以後，通常心情鬱悶，因而疾病時生，或者心有不甘，又別有所圖，就容易觸犯什麼忌諱罪過。如果退隱以後，只是「畜臣妾」，親近小人物，耽於酒色，表示胸無大志，反而不會招忌而引起別人注意，以為「不可大事」矣，所以反而是「吉」而非「凶厲」了。歷史上這樣的例子，比比而是。

四 九四：好遯①。君子吉，小人否②。

《象》曰：君子好遯，小人否也。

① 好遯：有所喜好卻退隱。好：樂。一說：雖有所好，卻能退避。

② 否：不然，不吉。

直譯

九四爻辭：因為有所愛好而退隱。君子毅然做得到，吉祥；小人難以割捨，不然。

《小象傳》說：君子喜愛退隱的生活，小人卻不是這樣子呀。

補注

好遯，寫熱愛田園生活，真心隱居山林的君子，這種人本來就不多，小人永遠做不到。

五 九五：嘉遯①，貞吉。

《象》曰：「嘉遯，貞吉」，以正志②也。

①嘉遯：無所牽掛的退隱。嘉：美善。
②以正志：用來端正意志。一說：以，因。因為有端正的意志。

直譯

九五爻辭：盡善盡美的退隱，固守正道，當然吉祥。

《小象傳》說：所謂「嘉遯，貞吉」，是用來端正意志呀。

補注

「嘉遯」，是說盡善盡美的退隱，意思是：退隱是出乎真心，但退隱以後卻又能獲得上上下下一致的讚美。「山中宰相」陶弘景就是著名的一個例子。

六 上九：肥遯①，无不利。

《象》曰：「肥遯，无不利」，无所疑②也。

直譯

上九爻辭：功成名就的退隱，無所不利。

《小象傳》說：所謂「肥遯，无不利」，是由於沒有什麼掛礙呀。

補注

宏一按，上九爻居〈遯卦〉之極，雖與九三爻同為陽剛，不能正應，但陽剛者強，就像古代功成名就的人，家益昌而族益盛，怡然自得，心廣體胖，此時可以飄然遠引，無所掛念了。《南史．阮孝緒傳》曾引用這「上九」的爻辭，來形容隱士的清高。

新繹

《繫辭傳》有云：「君子之道，或出或處。」出，指出仕，處，指退隱。古人退隱，常居山林。〈遯卦〉之占，有吉有否。

項安世《周易玩辭》云：「下三爻，艮也，主于止，故為不往，為執革，為係遯。上三爻，乾也，主于行，故為好遯，為嘉

①肥遯：功成而身退。肥：富厚，比喻富貴顯達。一說：肥，通「蜚」（飛）。肥遯，指遠走高飛的隱退。另外有人根據《詩經．泉水》篇的「肥泉」，《毛傳》解釋「肥」為「同出異歸」，用來解釋「肥遯」，也很貼切。

②疑：疑慮。有人以為是「礙」的借字，亦頗可取。

遯，為肥遯也。」筆者以為：初爻寫該退時不退或退非其時；二爻寫該退則退，意志堅定；三爻寫退非真心，多所牽掛是危險的，不妨「畜臣妾」，表示自己胸無大志，反而可以避凶趨吉。四爻寫真心為退隱而退隱的，這種人是君子；五爻寫盡善盡美的退隱，退隱了卻像沒退隱，這種人像山中宰相；上爻寫功成名就以後的退隱，別人徵歌選色，享受人間富貴，他卻飄然遠引，這種人同出而異歸，簡直像升天會飛的神仙！

三十四、大壯卦

解題

大壯，即興旺、強大、健壯。此卦與〈遯卦〉為綜卦，〈遯卦〉消極退避，此卦則積極進取，相互為用。本卦亦消息卦之一，代表三月。

此卦四陽二陰，九四當四陽之上位，故以九四為主爻。

一、卦形、卦體

䷡乾下震上

【卦形淺說】

卦體震上乾下，震為雷在上，乾為天在下，即雷鳴天上，響徹雲霄，有「大壯」之象。

二、卦名、卦辭

大壯：利貞①。

直譯

〈大壯卦〉象徵強大健壯：宜於固守常道。

注釋

① 利貞：利於大壯之時固守正道。否則另當別論。

補注

程頤《伊川易傳》：「大壯而不得其正，強猛之為耳，非君子之道壯盛也。」

（二）彖傳

《彖》曰：大壯，大者壯也①。剛以動②，故壯。「大壯，利貞」，大者正也③。正大而天地之情可見矣。

① 大者壯也：大者指陽爻而言，卦中陽爻漸增，故云。
② 剛以動：此卦乾下震上，乾為剛，震為動，故云。
③ 大者正也：陽爻為大為正，故云。

直譯

《彖傳》說：〈大壯卦〉象徵強大健壯，是說強大的必然健壯呀。陽剛而又活動，所以健壯。

所謂「大壯，利貞」，是說強大的也必然正直呀。能夠正直強大，然後天地的真實情況，也就可以清楚看見了。

補注

王弼《周易注》：「天地之情，正大而已矣。弘正極大，則天地之情可見矣。」又說：「壯而逢禮則凶，凶則失壯也，故君子以大壯而順禮也。」意思是：天地正大，才可以生生萬物而不偏，否則恃強用壯，過剛必折，妄動必凶。

（二）大象傳

《象》曰：雷在天上①，大壯。君子以非禮弗履②。

①雷在天上：此卦上卦震為雷，下卦乾為天，故云。
②非禮弗履：非禮之地不履踐。是說不做非禮之事。弗：同「不」。履：實踐。

直譯

《大象傳》說：雷聲在天空上響起，這是〈大壯卦〉的象徵。君子因此引以為戒，不合乎禮義的事，就不去實踐。

補注

《論語．顏淵篇》：子曰：「克己復禮為仁」。又加闡釋：「非禮勿視，非禮勿聽，非禮勿言，非禮勿動。」這些話都是「非禮弗履」最好的注腳。

又，古人迷信雷神主殺，會劈打奸邪小人，故聞雷響而心生警惕。

三、爻辭及小象傳

一

初九：壯于趾①。征凶②，有孚③。

《象》曰：「壯于趾……」，其「孚」窮也④。

直譯

初九爻辭：健壯在腳趾頭。遠行就會遇困窮凶險，這種說法確然可信。

《小象傳》說：所謂「壯于趾」云云，是說它所確信的，就是困窮呀。

補注

趾是舉動的象徵。初九壯于趾，象徵陽剛初壯即勇於前進，故易遭凶險。此即所謂「慎始」。

① 壯于趾：健壯在腳趾頭。比喻勇於前進。帛書本「趾」作「止」。「止」是「趾」的古字。

② 征凶：征則凶。征：出門遠行。指初九雖陽爻陽位，卻與九四不正應。

③ 有孚：應有誠信。此指有靈驗，「征凶」的說法誠然可信。

④ 其孚：爻辭「征凶有孚」的省文。窮：困，困頓。

二 九二：貞吉。

《象》曰：九二「貞吉」，以中①也。

直譯

九二爻辭：固守常道就吉祥。

《小象傳》說：九二爻辭的所謂「貞吉」，是由於得居中位呀。

補注

九二陽居陰位，守中履謙，此《周易》尚謙之義。九二雖與九四皆言「貞吉」，但同中有異。請參閱下文。

三 九三：小人用壯①，君子用罔②，貞厲③。羝羊觸藩，羸其角④。

① 以中：因為居中、按中道行事的緣故。指九二以陽爻居陰位，雖不得正，但由於居於下卦中位，謙順不躁進，又上得六五之正應，故可獲吉。

① 小人用壯：小人恃強用盛。是說以強凌弱，盛氣凌人。

② 用罔：用無，即不用。帛書本「罔」作「亡」，通「無」。

③ 貞厲：雖貞正卻也危險。

④ 羝羊觸藩：公羊觸撞籬笆。公羊好鬥。羸其角：卡住了牠的角。進退不得的意思。羸：一作「纍」，同音通假。

《象》曰：「小人用壯」，君子罔⑤也。

直譯

九三爻辭：小人濫用強力，君子不會用，雖守常道卻也危險。就像公羊去觸撞籬笆，卡住牠的角，進退不得。

《小象傳》說：所謂「小人用壯」，是表示君子不會用呀。

補注

小人恃力用強，躁進受困，固然不對，但「君子用罔」，有力氣卻不使用，也不一定好，所以二者過猶不及，同樣「貞厲」。九四爻以「藩決不羸」為喻，正說明九三爻之不知用力也。

⑤罔：不，無。見注②。一本上有「用」字。

四 九四：貞吉，悔亡。①藩決不羸②，壯于大輿之輹③。

①貞吉：貞則吉。悔亡：悔恨消失了。亡：無。

②藩決不羸：承上爻，是說籬笆被撞倒了，但羊角沒有被卡住。

《象》曰：「藩決不羸……」④，尚往⑤也。

直譯

九四爻辭：固守正道就吉祥，悔恨也消失了。就像羝羊觸藩，籬笆裂開了，羊角卻沒被卡住，力氣的強大，猶如大車滾動的車輪。

《小象傳》說：所謂「藩決不羸」云云，是表示勇於向前邁進呀。

補注

此爻與九二皆以陽居陰位，同獲貞吉，但二者有所不同。朱熹有云：「九二貞吉，只是自守而不進；九四卻是有可進之象。蓋以陽居陰，不極其剛，而前遇二陰，有藩決之象，所以為進；非如九二前有三、四二陽隔之，不得進也。」（見《朱子語類》）

該進則進，不進反受其殃。這是《易經》的一個基本論點。

③于：如。一說：勝於。大輿之輹：大車的車輪。輿：大車。

④藩決不羸：是爻辭二句的省文。

⑤尚往：向上提升，向前邁進。尚：上。一說：尚往即助往。

五 六五：喪羊于易①。无悔。

《象》曰：「喪羊于易」，位不當②也。

直譯

六五爻辭：（就像王亥）喪失羊群在易國。沒有悔恨。

《小象傳》說：所謂「喪羊于易」，是由於所處地位不適當呀。

補注

《古史辨》第三冊顧頡剛〈周易卦爻辭中的故事〉一文，以為此卦「易」當為國名，蓋指殷商甲骨卜辭中所見殷商王亥在易地牧羊被殺的事件。《山海經》、《竹書紀年》也都有相關記載。此外，〈旅卦〉上九爻辭亦有王亥「喪羊于易」的記事。這反映了《周易》爻辭有的是以殷商史實為例，也說明了《周易》保存了殷商卜筮的事實。

①喪羊于易：喪失羊群在易地。易：殷商時邦國名。相傳王亥曾為有易氏之君放牧牛羊，後被殺，牛羊盡喪於易。一說：易，通「埸」，田畔。

②位不當：地位不適當。指六五以陰爻而居陽位，以柔居剛，是不當位。

六 上六：羝羊觸藩，不能退，不能遂①，无攸利。艱則吉②。

《象》曰：「不能退，不能遂」，不詳③也。「艱則吉」，咎不長④也。

① 遂：順利，如願。
② 艱則吉：知道艱難而自處，就得吉祥。指上六以陰爻而居上卦之極，無力前進，當知變以自處。
③ 不詳：不祥，不善。詳：一作「祥」。
④ 咎不長：災禍不會長久。

直譯

上六爻辭：公羊觸撞籬笆，（羊角被卡住了，）不能後退，也不能前進，沒有什麼吉利可言。知道艱難如何自處，就吉祥。

《小象傳》說：所謂「不能退，不能遂」，是表示進退不得，不吉祥呀。

所謂「艱則吉」，是表示災禍不會長久呀。

補注

所謂「无攸利，艱則吉」，是說上六如羝羊觸藩，既不能退，又不能進，唯有靜觀其變。因上六與九三為正應，終必和合並進，故宜艱貞自守，以待時機。

新繹

「大壯」的「大」，音義同「太」，「大壯」即「太壯」，有「過於強壯」之義。卦辭「利貞」，是說過於強壯之時，利於占卜。言外之意，應是告誡「物壯則老」，過於強壯時就要有所節制，否則容易折傷。故〈大壯卦〉講的是「不用壯」的道理，這和許慎《說文》所說的「止戈為武」有異曲同工之妙。《周易集解》引虞翻云：「壯，傷也。大謂四失位，為陰所乘。兌為毀折傷。」一說的也是這個道理。

虞翻所說的話，可用十二月消息卦來解釋。按消息卦說〈復卦〉一陽來復，〈臨卦〉二陽漸長，〈泰卦〉三陽開泰，至〈大壯卦〉而四陽大盛。但〈大壯卦〉九四陽爻居陰位，是所謂「失位」，上有六五、上六兩個陰爻乘之，三至五爻又可互出〈兌卦〉，兌性為毀，故有折傷之虞。

三十五、晉卦

解題

晉，即上升、前進。凡事該進則進，不可遲疑，錯失良機。但也要謙虛貞固，否則畏首畏尾，可能反受其殃。

上卦以六五爻為主爻，以其當中天之位，「柔進而上行」。

一、卦形、卦體

䷢坤下離上

【卦形淺說】

卦體離上坤下，離為日為火為明，坤為地為陰，日出地上昇而明，有「晉」之象。

二、卦名、卦辭

晉：康侯用錫馬蕃庶①，晝日三接②。

直譯

〈晉卦〉象徵上進：康侯利用天子所賜的良馬做種馬，來繁殖很多馬匹，因此天子從早到晚的一個白天裡，接見他三幾次。

補注

康侯即周武王的弟弟，滅殷商後封於衛國的康叔。《尚書》的〈康誥〉，即周公為他所作的訓誡。周王重視馬政，康侯以周王所賜良馬為種馬，繁殖眾多，故一天之中，就被周王接見三幾次，備受禮遇。三，比喻次數多，不一定恰好三次。

現在傳世的殷商彝器中有「康侯鼎」，銘文：「康侯丰作寶隮。」丰，古「封」字，即康叔之名。

（一）彖傳

《彖》曰：晉，進也。明出地上①，順而麗乎大明②。柔進而上行③，是以「康侯用錫馬蕃庶，晝日三接」也。

注釋

① 康侯：朱熹等皆解作安邦定國之公侯。康作安、美、尊解。顧頡剛則據卜辭以為指周武王之弟康叔；後因遷衛，亦稱衛康叔。錫：賜。蕃：繁殖。庶：眾，指養馬。一說：指民眾。

② 晝日三接：從早到晚的一個白天裡接見多次，三，喻其多。一說：三接，一日三覲，指享醴、受爵、冊命等而言。

① 明出地上：此卦離上坤下，離為明，坤為地，故云。

② 順而麗乎大明：下卦坤為順，上卦離為日為附麗，

直譯

《彖傳》說：〈晉卦〉，象徵上升呀。就像明亮的光芒出現在地面上，溫和而附麗在大放光明的陽光下。能夠溫和發展，而且向上提升，因此說是「康侯用錫馬蕃庶，晝日三接」呀。

（二）大象傳

《象》曰：明出地上①，晉。君子以自昭②明德。

直譯

《大象傳》說：光明出現在地面上，是〈晉卦〉的象徵。君子效法來自己彰顯光明的德行。

補注

《周易》中的〈晉〉、〈升〉、〈漸〉三卦，皆有上升、長進之義。李光地《周易折中》說〈晉〉如日之方出，〈升〉如木之方生，〈漸〉如木之既生，而以漸高大，「觀其象辭皆可見矣」。觀其象辭，〈晉〉是「柔進而上行」，〈升〉是「柔以時

故云。大明：日照大地，比喻君王英明。

③ 柔進而上行：由坤而上，附麗於日。指六五爻以柔順居尊位。

① 明出地上：此以卦象釋卦名。已見前。

② 昭：彰顯，發揚。

升」、「剛中而應」，而〈漸〉則是「之進也」、「進得位，往有功也」，確實一層轉升一層。

三、爻辭及小象傳

一

初六：晉如摧如，貞吉。①罔孚，裕，无咎。②

《象》曰：「晉如摧如」，獨行正③也。「裕，无咎」，未受命④也。

①晉如摧如：像是前進，又像是後退。摧：折返，後退。如：樣子。是說把上升前進看成下降後退。貞吉：貞則吉。

②罔孚：沒有得到信賴。裕无咎：寬緩則无咎。裕：寬容緩和不急切。

③獨行正：獨自堅持正道。

④未受命：還沒被任命為官。初爻在《易經》中是平民之位。

直譯

初六爻辭：前進似的，又像後退似的，堅守正道可以吉祥。如果沒有得到信任，能做到寬緩不急，就沒有災禍。

《小象傳》說：所謂「晉如摧如」，是說要獨自奉行正道呀。所謂「裕，无咎」，是說還沒有接受任命當官呀。

補注

帛書本作：「溍如浚如，貞吉。悔亡，復浴，无咎。」蕭登福《易經新譯》據以補入「悔」字，讀作「晉如摧如，貞吉。悔罔（亡），孚裕，无咎。」可備一說。

二 六二：晉如愁如①，貞吉。受茲介福②，于其王母③。

《象》曰：「受茲介福」，以中正④也。

①愁如：憂慮似的。是說進升時，反而要擔心。

②介福：大福。

③王母：祖母。一說：王母，即皇母，非專指祖母。

④以中正：因為居中得正，奉行中正之道。指六二居下卦之中，陰爻居陰位，其位得正，雖與六五不相應，但同居中位，將可得其助。

直譯

六二爻辭：前進似的，憂慮似的，固守正道就可獲吉祥。獲得這樣大的好福氣，從他的祖母（母親）那裡。

《小象傳》說：所謂「受茲介福」，是由於居中守正呀。

補注

祖母（母親）疼愛幼孫，古今皆然。康侯的祖母，即周文王的母親太妊。

三 六三：眾允①，悔亡。

《象》曰：「眾允」之，志上行②也。

直譯

六三爻辭：眾人都肯信從，悔恨消失了。

《小象傳》說：眾人都信從他，是由於意志向上提升呀。

補注

《小象傳》「眾允」二句，或可讀作「眾允之志，上行也。」是說大家都信從他的想法，表示可以向上提升呀。

四 九四：晉如鼫鼠①，貞厲②。

《象》曰：「鼫鼠，貞厲」，位不當③也。

①眾允：眾人都信從，指六三與上九正應。允：信，信從，同意。

②志上行：意志上進，附麗於明君。指六三上應上九。

①鼫鼠：一作「碩鼠」，其性多疑，瞻前顧後，畏首畏尾。

②貞厲：雖貞正卻危險。貞：即真。

③位不當：地位不適當。指九四雖是陽爻卻居陰位，上承六五，下應初六，且非中正。才德不稱，故不安於位。

直譯

九四爻辭：雖然上進，卻像碩鼠那樣畏首畏尾，這才是真正的危險。

《小象傳》說：所謂「鼫鼠，貞厲」，是由於所處地位不適當呀。

補注

《經典釋文》引《子夏易傳》鼫鼠作「碩鼠」。按，《詩經．衛風》中有〈碩鼠〉篇。

五 六五：悔亡①，失得勿恤②。往吉③，无不利。

《象》曰：「失得勿恤」，「往」有慶也。

直譯

六五爻辭：悔恨消失了，得失不用擔心。前進就吉祥，沒有不吉利。

① 悔亡：指六五為主爻，雖然陰居陽位不適當，但因上卦離為火為日，大明，故悔亡。

② 失得：得失。勿恤：不必擔憂，不必計較。

③ 往吉：前進則吉。

《小象傳》說：所謂「失得勿恤」，是因為前進就會有喜慶呀。

補注

「失得勿恤」，傳統解釋如朱熹《周易本義》多釋為「一切去其計功謀利之心」，意即沒有得失之心，但《經典釋文》引孟喜、馬融、鄭玄、虞翻、王肅本，「失」皆作「矢」，帛書本亦作「矢」，故現代學者多從「矢」立說。然「矢」有二義，一通「誓」，「矢得」即誓言必得；一指金矢，即鐵箭，如〈噬嗑卦〉九四「得金矢」之例。二者皆講得通。

六 上九：晉其角①，維用伐邑②。厲吉③，无咎。貞吝④。

《象》曰：「維用伐邑」，道未光⑤也。

① 晉其角：前進用他尖銳的角。比喻只用兵器武力。角：頂天的部位。指上九居上卦之極，有角之象。

② 維用伐邑：只能用來攻打小城邑。維：唯。

③ 厲吉：雖危險卻吉利。雖已晉升到頂點，卻只征小邑，是大材小用。

④ 貞吝：真可惜。貞：真。吝：憾惜。

⑤ 道未光：王道還不夠廣大。

直譯

上九爻辭：奮勇前進而用他最尖銳的頭角，卻只能用來攻打小邑城鎮而已。雖然危險，卻也吉利；沒有什麼災患。不過真的有些可惜。

《小象傳》說：所謂「維用伐邑」，那是大材小用，表示王道還沒有發揚光大呀。

新繹

上文已經說過，康侯是周文王的兒子，周武王的幼弟，名封（一作「丰」）。傳世的鐘鼎彝器有「康侯鼎」等可證。他原封於康，稱康叔或康侯。武王克殷後，徙封於衛，因此也稱衛侯。「錫馬蕃庶」，反映周王重視馬政，一直到後來的周孝王，都還命秦之先祖非子「主馬於汧、渭之間，馬大蕃息。」（見《史記．秦本紀》）此爻所謂「用錫馬蕃庶」，當亦指此。

在顧頡剛提出康侯即周武王幼弟康叔之前，歷代學者都承襲李鼎祚《周易集解》所引漢儒之說，以及孔穎達《周易正義》、朱熹《周易本義》的解釋，認為康侯不是專名，而是諸侯的美稱，把「康」解作安、美、靜、尊，把康侯解作安邦定國的諸侯。這樣的解釋當然也講得通，但總不如顧頡剛講得那樣貼切，那樣符合真實的歷史。他對「王亥喪羊于易」、「康侯用錫馬蕃庶」等等的考證，不但求真實求正確的研究態度令人敬佩，而且對於探討《周易》的著成年代，也頗具參考價值。

三十六、明夷卦

解題

明夷，原為鳥名，高亨以為即鳴雉；夷又通「痍」，有受傷、滅亡二義。借指光明受損，喻昏亂之世。一說：「明夷」原指太陽下山，陽光轉暗。

此卦與〈晉卦〉為綜卦。〈晉卦〉明君在上，賢人見用；〈明夷卦〉則昏君在上，賢才見棄。然而晉升須冒險，難免受傷，而受傷則有利於反省，二者相互為用。

上六爻積土最厚為卦主，而六二、六五皆秉中順之德，明而見夷，又為主卦之主。六五應為主爻。

一、卦形、卦體

䷣離下坤上

【卦形淺說】

卦體坤上離下，坤為地，離為日，有日入地中之象，表示光明已去而黑暗將來。

二、卦名、卦辭

明夷：利艱貞。

直譯

〈明夷卦〉象徵光明受損：宜於在艱困中固守常道。

補注

〈明夷〉的卦辭，沒有象辭，只有占斷之辭。可能「明夷」古本作「明夷＝＝」，即「明夷：明夷」的重文簡寫符號，後人傳抄時不知其意，脫漏了「明夷」二字。

（一）彖傳

《彖》曰：明入地中①，明夷。內文明而外柔順，以蒙大難；②文王以之③。

「利艱貞」，晦其明④也。內難而能正其志⑤，箕子⑥以之。

注釋

① 明入地中：此卦離下坤上，離為日為明，坤為地，故云。

② 內文明而外柔順：指內卦離為日為明，外卦坤為地為順。此亦以卦體解釋卦義。蒙：承受。

③ 文王以之：文王像它。以：似。之，指上文內文明二句。以之：似之。一說：以，用。指文王被紂王囚於羑里之事。

④ 晦其明：隱藏他的明德。

⑤ 內難而能正其志：內部有災難，卻能端正他的志向。內：宮內，族內。指六二居中守正。

⑥ 箕子：商紂叔父。

直譯

《彖傳》說：陽光隱沒在大地裡，這是〈明夷卦〉的象徵。內以文明自修，而外以柔順待人，能用這種態度來承受大難；周文王被殷紂囚在羑里時就像這個樣子。卦辭所謂「利艱貞」，就是為了隱藏他的明德呀。至於在殷商自己家族內部，發生災難，卻還能端正自己心志的，箕子就像這個樣子。

補注

殷紂暴虐無道，文王拘於羑里，箕子佯狂為奴，這是當時非常著名的歷史故事。《易傳》加以引述，正是說明所要闡述的是君臣之道。

按，「文王以之」、「箕子以之」，漢本皆作「似之」。見《經典釋文》。「似之」是說二事與卦旨頗相脗合。張載《橫渠易說》即云：「文王體一卦之用，箕子以六五一爻之德；文王難在外，箕子難在內也。」

（二）大象傳

《象》曰：明入地中①，明夷。君子以莅眾②，用晦而明③。

直譯

《大象傳》說：陽光已經隱沒大地之中，這是〈明夷卦〉的象徵。君子效法它，用來面對大眾時，採用含蓄包容的方式，但反而更顯得光明。

① 明入地中：已見《彖傳》注①。
② 莅眾：面對大眾。莅：今作「蒞」，光臨。有治理之意。
③ 用晦而明：使晦者明。採用含蓄溫和的方式，卻反而更顯得光明。「明入地中」之象，指卦辭「內文明而外柔順」而言。

補注

《左傳．昭公五年》記事中，魯國莊叔用《周易》來占筮，得到〈明夷〉之〈謙〉，亦曾解釋此卦的卦象。其中有云：「明夷，日也。日之數十，故有十時，亦當十位。自王已下，其二為公，其三為卿。日上其中，食日為二，旦日為三。〈明夷〉之〈謙〉，明而未融，其當旦乎？……」意思是：日從地下上升，頭露一點是第二，剛剛升起是第三。〈明夷〉變為〈謙〉卦，已經明亮卻不高，大約是相當於剛剛升起的時候吧？……

三、爻辭及小象傳

一 初九：明夷于飛①，垂其翼。君子于行②，三日不食。有攸往，主人有言③。

① 明夷：鳥名。于飛：正結伴飛行。
② 行：出門遠征。
③ 有言：嘖有煩言，冷言冷語。以上三者，皆不吉。

《象》曰：「君子于行」④，義⑤不食也。

直譯

初九爻辭：明夷鳥正在飛翔，垂下牠們的翅膀要休息。君子正在遠行途中，已經三天沒吃糧食。雖然有所作為，但主人卻嘖有煩言。

《小象傳》說：所謂「君子于行」云云，是由於衡量事理才不吃呀。

補注

近人李鏡池《周易筮辭考．四》（《古史辨》第三冊）以為「明夷」是「鳴鵜」的假借，今名「鵜鶘」。高亨《周易古經今注》則以為是「鳴雉」的假借。明，借為鳴。

帛書本「垂其翼」句，「翼」上有「左」字，《詩經．小雅．鴛鴦》戢其左翼，表示正在休息。章學誠《文史通義》云：「《易》象雖包六藝，與《詩》之比興，尤為表裡。」宏一按，其言甚是。

④君子于行：爻辭「君子于行，三日不食」的省文。

⑤義：事之宜。

二 六二：明夷，夷于左股①。用拯，馬壯，②吉。

《象》曰：六二之「吉」，順以則③也。

直譯

六二爻辭：在光明夷滅的黑暗中，損傷到左邊大腿。要來抬舉拯救，如果馬健壯能跑，仍然吉祥。

《小象傳》說：六二爻辭所說的吉祥，是由於它能柔順而且遵守常道呀。

補注

「夷于左股」的「夷」，從大從弓，引申有拉弓射箭之義。故「夷于左股」，亦可解作：射傷了左邊大腿。九三的「明夷于南狩」，似亦由此取義。

①夷：通「痍」，傷。股：大腿。

②用拯馬壯：是說壯馬急馳，還來得及送醫急救。拯：抍，承舉，擇取。

③順以則：能柔順，而且守常法。指六二以陰爻居中而且得位，得中正之道。

三 九三：明夷于南狩①，得其大首②，不可疾貞③。

《象》曰：「南狩」之志，乃大得④也。

① 明夷：一說即鳴弓。南狩：到南方去狩獵，即到南方征伐敵人。帛書本首句作「明夷，夷于南狩」，多一「夷」字。

② 大首：元首。指元凶。

③ 疾：急。貞：真，正。

④ 大得：大有收穫，充分實現。指九三以陽居陽，居正位，又與上六正應，故有向明除惡之象。

直譯

九三爻辭：在光明夷滅的黑暗中，到南方出征作戰，俘獲了南方敵軍的大首領，不可急著審問正法。

《小象傳》說：所謂「南狩」的願望，就是大有收穫呀。

補注

「不可疾貞」，有人以為應該讀作「不可疾，貞」。武億《經讀考異》就說：「考此宜從『不可疾』為句，『貞』為句。『得其大首』，所謂『殲厥渠魁』也；『不可疾』，則所謂『脅從罔治』也。故宜貞固自得，待其徐化而已。義為近之。」

四 六四：入于左腹①，獲明夷之心②，于出門庭③。

① 入于左腹：入乎心的意思。心在左腹。

《象》曰：「入于左腹……」④，獲心意也。

直譯

六四爻辭：好像說中左邊胸腹的心坎，知道那隱藏不露的心事，如同出自門前庭中一樣看得清楚。

《小象傳》說：所謂「入于左腹」云云，是表示明白內心的意願呀。

補注

六四爻辭說其以柔順之性，居上卦坤體之始，猶如人體居於心腹之位。故當明夷之時，悉其內情，知所抉擇，遠遯而去。

五 六五：箕子之明夷①，利貞。

《象》曰：箕子之「貞」，明不可息②也。

②明夷之心：隱藏光明的心志。

③于出門庭：如出自門庭。于：如。一說：於是出門庭遠去。

④入于左腹：六四爻辭的省文。

①箕子之明夷：箕子對於明夷披髮佯狂的態度。箕：一作「其」。

②息：同「熄」。

直譯

六五爻辭：箕子披髮佯狂，應付光明夷滅的方法，是宜於固守正道。

《小象傳》說：箕子的固守正道，是表示光明不可熄滅呀。

補注

《史記．宋世家》記載箕子被紂王所囚，佯狂為奴、自晦其明的故事，可與本爻合看。

六 上六：不明晦①。初登于天，後入于地。

《象》曰：「初登于天」，照四國②也。「後入于地」，失則③也。

① 不明晦：不明而晦，不明之晦。有晦暗之極的意思。
② 四國：四方諸侯邦國。
③ 失則：失常背理。

直譯

上六爻辭：不光明而又晦暗。起先上升到天上，後來沉沒到地下。

《小象傳》說：所謂「初登于天」，是說光耀四方諸侯呀。所謂「後入于地」，是說違反正規常道呀。

補注

此卦亦似言紂王之世。

新繹

此卦的卦辭爻辭，歷來頗多歧解。略舉數例如下：

李鼎祚《周易集解》引漢代鄭玄注：「夷，傷也。日出地上，其明乃光，至其入地，明則傷矣，故謂之明夷。日之明傷，猶聖人君子有明德而遭亂世，抑在下位，則宜自艱，無干事政，以避小人之害也。」

近代胡樸安《周易古史觀》則以《周易》乃文王所演，故曰：「明夷者，殷紂之亂，明入地中而明傷也。」但也有人以為六爻各有所指，分別加以附會，例如明代來知德《周易集注》即云：「初爻指伯夷，二爻指文王，三爻指武王，四爻指微子，五爻指箕子，上六指紂。」

現代則有人反其道而行，不從社會人事看，純就天地自然言，例如李零《周易的自然哲學》就說〈晉卦〉講日出，〈明夷卦〉講日落。而〈明夷卦〉的六爻，是講太陽由明到晦的六段：初九，日出東方；六二，日上三竿；九三，日當中天；六四，日影西斜；六五，日薄西山；上六，日沒於地。最後才說：「太陽，正午爬得最高，但它爬得再高，也得掉下來，何況人乎？」

「明夷」一詞，有人解作太陽下山，陽光轉為幽暗，歷來的種種注解，也確實予人幽微難明之感。

三十七、家人卦

解題

家人，即一家之主，亦指家庭成員。古代的「家」，專指卿、大夫的家庭及其采邑而言。此卦談卿、大夫一家的相處之道，並由持家談到治國平天下。

此卦以陰爻居中的六二與陽爻居中的九五為主爻，象徵女主內、男主外。

一、卦形、卦體

䷤離下巽上

【卦形淺說】

卦體離下巽上，離為日為火，巽為風為木，火因木而生，自下而上，自內而外，遇風則盛。風則自外而入，風有定向，四時不同。又離為明，巽為順，人守其明德，而後順推家國。

二、卦名、卦辭

家人①：利女貞②。

注釋

① 家人：家庭成員，談家內之事。古代的家人，包括父母、兄弟、夫婦、子女。

② 利女貞：宜於女主人固守正道。元亨利君子之貞，利女貞者，宜於家內。

直譯

〈家人卦〉象徵一個家庭的成員：有利於主婦固守正道。

補注

孔穎達《周易正義》云：「明家內之道，正一家之人，故謂之家人。」又云：「家人之道，必須女主於內，男主於外，然後家道乃立。今此卦六二柔而得位，是女正位乎內也；九五陽剛而得位，是男正位乎外也。家人以內為本，故先說女也。」

按，《論語．為政篇》記載有人問孔子何以不從政，他回答時，引用《尚書》上說的「孝乎惟孝，友于兄弟，施於有政」那幾句話，認為在家裡能孝順父母，友愛兄弟，做得好一樣可以影響施政的人。可見古代所謂「家人」，應包括大家庭的父母兄弟在內。不過，〈家人卦〉所談，側重在夫婦身上，尤其是主婦一人身上。

（二）彖傳

《彖》曰：家人，女正乎內，男正乎外；①男女正，天地之大義②也。家有嚴君焉，父母之謂也。父父，子子；兄兄，弟弟；夫夫，婦婦，③而家道正。正家④而天下定矣。

①女正乎內二句：是說主婦在家主持家事，丈夫則在外處理事務。女：指六二；男：指九五。
②大義：大道。
③父父等句：是說父親要盡到父親的職責，像個父親……，以此類推。
④正家：端正家庭倫理。此家不是僅指一家之人。

直譯

《彖傳》說：一個家庭的成員，女主人以正道處理家事在裡面，男主人以正道處理事務在外頭；家裡的男男女女都守正道，這是天地之間的大道理呀。

一個家庭中有威嚴的家長在，是指父母來說的呀。父親像父親，兒子像兒子；哥哥像哥哥，弟弟像弟弟；丈夫像丈夫，主婦像主婦，然後家庭倫理才能端正。能夠端正家庭倫理，然後天下就可以安定了。

補注

卦辭只講「利女貞」，強調主婦的重要，而《彖傳》則極其全，兼言男女，而又以父子兄弟等推廣備言之。

（二）大象傳

《象》曰：風自火出①，家人。君子以言有物②而行有恆。

①風自火出：此卦巽上離下，巽為風，離為火，風在上在外，火在下在內，故云。

②有物：有具體充實的內涵。

直譯

《大象傳》說：風是從火焰由下而上、由內向外蔓延時產生的，這是〈家人卦〉的象徵。君子效法它，言談要有具體充實的內容，行為要符合恆常不變的原則。

補注

「風自火出」這句話，比較費解，試引數則古今注解供讀者參考：

一、馬融：「木生火，火以木為家，故曰家人。火生於木，得風而盛，猶夫婦之道相須而成。」（《周易集解》引）

二、孔穎達：「巽在離外，是風從火出。火出之初，因風方

熾；火既炎盛，還復生風，內外相成，有似家人之義。故曰風自火出，家人也。」（《周易正義》）

三、屈萬里師：「言有物，象火因木而燃；行有恆，象風四時有定向。」（《讀易三種》）

三、爻辭及小象傳

一 初九：閑有家①，悔亡。

《象》曰：「閑有家」，志未變②也。

直譯

初九爻辭：防範邪僻的事情在家庭中，悔恨之事自然消失。

《小象傳》說：所謂「閑有家」，是表示防範的心意並未改變呀。

補注

高亨《周易古經今注》：「閑其家，如築垣楗戶以防盜賊，

①閑有家：防範於家。閑：原指門閂，引申有防範之意。例如：閑邪，防止邪僻。有：於。一說：「閑有家」可讀作「閑，有家」，是說知道防範，才能保全家庭。

②志未變：是說端正之心並未改變。一說：要預防在心志尚未變壞之前。

曲突徙薪以防火災，男女有別以防淫亂等。」「閑」自有防範之意。顏之推《顏氏家訓》有言：「教子嬰孩，教婦初來。」是說婦、子之教，當慎其初。此卦初爻即以陽九言之，志在能閑也。

二 六二：无攸遂①，在中饋②，貞吉。

《象》曰：六二之「吉」，順以巽③也。

①无攸遂：沒有什麼作為或成就。一說：遂，通「逐」。

②在中饋：在家裡料理飲食，以事奉在上位者或祖先之靈。饋：提供飲食。饋、餽通用。

③順以巽：柔順而且謙遜。此爻以陰居內卦之中，象徵女主人，順應九五，象徵謙讓男主人。

直譯

九二爻辭：（主婦）雖然在外面沒有什麼成就，但在家裡料理飲食，能守常道就吉祥。

《小象傳》說：六二爻辭所說的吉祥，是因為她柔順而且謙遜呀。

補注

古代重祭祀，祭祀之後，還要把祭品分送給尊貴人家。

黃宗炎《周易象辭》云：「饋，餉也。從食從貴，進食於貴者。……飲食莫重於祭，所以從貴。」又云：「古人祭則頒胙也，故可與餽通用。」頒胙，是把祭祀後的福肉分別餽贈於人。此卦六二與九五正應，可見九五「王假有家」，應與貴者或祭祀有關。

三 九三：家人嗃嗃①，悔厲，吉。②婦子喜喜③，終吝。

《象》曰：「家人嗃嗃」，未失④也。「婦子嘻嘻」，失家節⑤也。

直譯

九三爻辭：（治家過嚴）全家的人愁愁苦苦的樣子，雖有悔恨危險的可能，但畢竟吉祥。（治家太鬆）婦女小孩終日嘻嘻笑鬧，終究會有遺憾。

① 嗃嗃：音「確」，或作「熇熇」，因嚴肅而使人苦惱的樣子。一說：喜悅自得的樣子。
② 悔厲吉：雖有悔恨危險，但最後吉祥。
③ 喜喜：原作「嘻嘻」。古今字。
④ 未失：沒有違背常道。
⑤ 失家節：違反家規。節：竹節。竹有節，不過分的意思。

《小象傳》說：所謂「家人嗃嗃」，是因為治家沒有失去常道呀。所謂「婦子嘻嘻」，是由於失去家庭應有的禮節呀。

補注

此爻「婦子」並稱，是古人的習慣。孔子說：「唯女子與小人為難養也」，「女子與小人」就是這裡所講的「婦子」。這種觀念習慣現代人極不能接受，也大可批判，但我們必須承認它是古代社會的習俗觀念之一，是曾經存在的古代事實。

四 六四：富家①，大吉。

《象》曰：「富家，大吉」，順在位②也。

① 富家：使家庭富裕。此爻以陰爻居陰位，陰主利，故能富足其家。

② 順在位：指六四以陰順陽，上承九五。

直譯

六四爻辭：能滿足家庭的需要，大大吉祥。

《小象傳》說：所謂「富家，大吉」，是由於他柔順而居正位呀。

補注

「富家」到底是指富足其家產、家業或家道，很難求確解。王弼《周易注》：「能以其富，順而處位，故大吉也。若但能富其家，何足為大吉？體柔居巽，履得其位，明於家道，以近至尊，能富其家也。」說的不僅是能富其家產，還要能富其家道，以接近君王為榮。這是古代卿大夫之家的想法。至於一般升斗小民，無論古今，恐怕講的都是財產，不是名位。

五 九五：王假有家①。勿恤②，吉。

《象》曰：「王假有家」，交相愛③也。

直譯

九五爻辭：君王已經降臨家廟。不用擔心，吉祥。

《小象傳》說：所謂「王假有家」，是由於他們互相親愛呀。

①王：五爻為君位，此指君王或先祖之靈。假：古代音義通「格」，至、降臨、顯靈的意思。（今閩南語假、格音同。）家：此指祖廟而言。

②勿恤：不須憂慮。因王者至臣下之家，為福為禍，不可預測，故言憂恤。

③交相愛：互相親愛。此爻陽剛居君位，又下應六二之柔順，象徵男女主人和睦相處。

補注

九五與六二正應，「王假有家」有二解：一指君王貴者光臨卿大夫家，主婦必主中饋，以示尊重；一指舉行祭祀時，主婦亦必主中饋，以迎先祖鬼神顯靈降臨，以呼應六二爻。《禮記‧祭統》所引孔悝之鼎銘，即有「公假于太廟」之語。故此句「假」字，當作鬼神或先祖顯靈降臨之「降格」講，而「家」亦宜作「家廟」解。

《詩經‧大雅‧思齊》有云：「刑于寡妻，至于兄弟，以御乎家邦。」其此之謂乎！

六 上九：有孚，威如，①終吉。

《象》曰：「威如」之「吉」，反身②之謂也。

①有孚：能有誠信。威如：威若、威然，威嚴的樣子。

②反身：反躬自省。有身教重於言教之意。

直譯

〈上九爻辭〉：能有誠信，又有威嚴的樣子，終究是吉祥的。

《小象傳》說：所謂「威如」的吉祥，是反躬自省的意思呀。

新繹

《周易折中》引吳曰慎云：「家人之道，男以剛嚴為正，女以柔順為正。初曰閑，三曰厲，上曰威，男子之道也。二、四、《象傳》皆曰順，婦人之道也。五剛而中，非不嚴也，嚴而泰也。」這是說：初爻、三爻、上爻，講的是男子剛嚴治家之道：要懂得事先閑邪防範，要端正不可亂開玩笑，要誠信又有威嚴；二爻、四爻和《象傳》，講的是女子柔順理家之道：要好好在家料理飲食，滿足家人的需求，不可嘻鬧有失「家節」，要像「風自火出」一樣，幫助丈夫修身齊家。至於九五爻講的是至尊之道，仍然強調男子要剛正守中。所謂剛正守中，就是來知德《周易集注》解釋九三爻《小象傳》所說的「家節」：「不過於威，不過於愛也。處家之道，當威愛並行。」換言之，要對主婦威愛並行才辦得到。

三十八、睽卦

解題

睽的本義，許慎《說文解字》說是「目不相聽」，看東西時，兩眼不能交集。亦即疏離、乖異之意。《序卦傳》：「睽者，乖也。」《雜卦傳》：「〈睽〉，外也。」外，即疏外疏離。

此卦與〈家人卦〉為綜卦，〈家人卦〉以九五、六二為主爻，象徵男女有別，各司其職，卻應合作。而此卦則以六五、九二為主爻，象徵天地萬物，包括男女夫婦，雖各自有別，雖乖異卻可互補。

一、卦形、卦體

䷥兌下離上

【卦形淺說】

卦體兌下離上，兌為澤，離為火，澤往下，火向上，有睽離之象。又，兌為少女，離為中女，二女同居，心志各異，出嫁即分，也有乖離之象。

二、卦名、卦辭

睽①：小事②，吉。

直譯

〈睽卦〉象徵乖異、疏離：但小心處理事情，就能吉祥。

補注

孔穎達《周易正義》：「物情乖異，不可大事。大事，謂興役動眾，必須大同之世方可為之；小事謂飲食衣服，不待眾力，雖乖而可。」此以大事小事解卦。唯《彖傳》有云：「說而麗乎明，柔進而上行，得中而應乎剛，是以小事吉。」蓋言以柔應剛為事，故「小事」宜作「小心處事」解。

（一）彖傳

《彖》曰：睽，火動而上，澤動而下。①二女同居，其志不同行。②說而麗乎明③，柔進而上行，得中而應乎剛，④是以「小事吉」。

注釋

① 睽：〈睽卦〉上離下兌，離、兌都是陰卦。故稱「小」，稱「二女」。

② 小事：小心做事。一說：相對於國家大事的小事情。例如飲食衣服之事。

① 火動二句：此卦上離下兌，離為火，兌為澤，故云。

② 二女同居二句：指〈睽卦〉上下皆為陰卦，上離為中女，下兌為少女，二女各有所嫁，其志不同。

③ 說：同「悅」，指下卦兌。麗乎明：附麗於光明，指上卦離為明。

④ 柔進而上行二句：指六五爻以陰居上卦中位，又與下卦九二陽爻相應。

天地睽而其事同也，男女睽而其志通也，萬物睽而其事類⑤也。睽之時用⑥大矣哉！

⑤類：類似，相同。

⑥時用：時宜之為用。用在適當的時機。

直譯

《彖傳》說：〈睽卦〉象徵睽違乖離，就像火焰竄動而向上焚燒，澤水流動而向下灌注。又像兩個女子住在一起，她們的心意各自不同，出嫁就各自分開了。它也象徵著要和悅於人而附麗於光明，要柔順進取而向上提升，要獲得中道而呼應陽剛者，因此「小事吉」。

天地上下分離，但它們從事化育萬物的道理是相同的呀；男女性別不同，但他們心中交合的意念是相通的呀；萬物形態各異，但它們成長的過程，與天地、男女是類似的呀。〈睽卦〉的因時而用，真是偉大極了啊！

（二）大象傳

《象》曰：上火下澤①，睽。君子以同而異②。

①上火下澤：此卦上離為火，下兌為澤，故云。

②同而異：求同而存異。同歸而殊途。火向上，澤向下，自然之勢，君子所取者，順其自然而已。

直譯

《大象傳》說：向上燃燒的火焰，向下流動的澤水，這是〈睽卦〉的象徵。君子效法它，求其同而存其異。

補注

末句所謂「同」「異」，據王弼《周易注》云：「同於通理，異於職事。」而程頤《伊川易傳》解釋「以同而異」則云：「君子觀睽異之象，於大同之中而知所當異也。」是說「大同」之中必有「小異」，君子正宜從「小異」處著眼。

三、爻辭及小象傳

一 初九：悔亡。喪馬勿逐，自復。①見惡人，无咎。

《象》曰：「見惡人」②，以辟③咎也。

直譯

初九爻辭：悔恨消失了。就像走失的馬不必到處去追尋，牠

① 喪馬：走失的馬。自復：自己會回來。
② 見惡人：爻辭「見惡人，无咎」的省文。
③ 辟：同「避」。

會自己回來。就像遇見有惡行的人，不會有什麼災禍。

《小象傳》說：所謂「見惡人」云云，是表示避免怨恨呀。

補注

《論語・陽貨篇》記載孔子不想見惡人陽貨，卻不巧在路上遇見了。陽貨雖是惡人，但他見了孔子所說的話，全是勸孔子出來做官，為國家做事，並沒有說錯什麼。所以對惡人也不必拒人於千里之外，反而惹起他的怨恨。

二 九二：遇主于巷，无咎①。

《象》曰：「遇主于巷」，未失道②也。

直譯

九二爻辭：遇見主人在里巷之中，沒有災禍。

《小象傳》說：所謂「遇主于巷」，是表示沒有迷失大道方向呀。

① 遇主于巷：遇見主人在里中巷道。主，指六五爻。九二爻本與六五相應，但九二以陽爻居陰位，六五以陰爻居陽位，二者都失位不正。故有迷路入巷之喻。今有同趨之路，又不期而遇，故曰未失道。

② 未失道：見上注。

補注

「遇主于巷」，與〈坤卦〉之卦辭「先迷，後得主」，《象傳》「先迷失道，後順得常」，可以合看對照。

此言「遇主于巷」，九四言「遇元夫」，對照〈家人卦〉，皆似自主婦（或棄婦）一方言之。

三 六三：見輿曳①，其牛掣②，其人天且劓③。无初，有終。④

《象》曰：「見輿曳」，位不當⑤也。「无初，有終」，遇剛⑥也。

直譯

六三爻辭：看見大車子被拖住了，那拉車的牛也被牽制了；那個人受了黥額和割鼻的刑罰。雖然睽違，沒有好的開始，卻有相投合的好結果。

①見輿曳：看見大車被拖住。輿：車廂。指大車。曳：引。指六三本與上九相應，卻被九二陽爻拖住。

②掣：牽制。一作「挈」，牛角一俯一仰。《說文》挈作「觢」。

③天：原指頭頂。此指黥額。一作「兀」，刖足。劓：割鼻子。

④无初：起初睽違未合而獲罪。有終：有好的結局。表示初睽已合。

⑤位不當：指六三以陰爻居陽位，且在九二、九四二陽爻之間。

⑥遇剛：指陰爻六三上應陽爻上九，且得其援助。

《小象傳》說：所謂「見輿曳」，是由於所處位置不適當呀。所謂「无初，有終」，是由於遇合了陽剛者的援助呀。

補注

六三爻辭，有人斷句讀作：「見輿，曳其牛，掣其人，天且劓。」亦通。

四 九四：睽孤①，遇元夫②，交孚③。厲，无咎。

《象》曰：「交孚」、「无咎」④，志行⑤也。

直譯

九四爻辭：乖離獨處，遇見陽剛大丈夫，交往有誠信。雖然危險，卻沒有災禍。

《小象傳》說：所謂「交孚」、「无咎」云云，是表示心志相同可以繼續交往呀。

① 睽孤：睽違獨處。指九四以陽爻而居陰位，既失位又與初九俱為陰爻不相應，故有乖違之感。

② 元夫：善士，陽剛大丈夫。一說：原來所嫁的丈夫。指初九。九為陽爻。一說：元當作「兀」；兀夫指刖足之人。

③ 交孚：交往時以誠信相待。

④ 交孚无咎：九四爻辭的省文。

⑤ 志行：心願可以實現。指九四與初九以誠相待，同心同德。故雖厲而无咎。

補注

聞一多《周易義證類纂》以為「元夫」當作「兀夫」，即刖足之人。據筆者查索，在他之前，俞樾《群經平議》已有是說。

五 六五：悔亡。厥宗噬膚①，往，何咎？

《象》曰：「厥宗噬膚，往」，有慶也。

① 厥宗噬膚：他的同宗族親正在吃肉。厥：其。宗：宗黨，宗親。一說：宗廟。膚：肉。噬膚：已見〈噬嗑卦〉。此指六五居中，雖陰爻而居尊位，但下與九二陽爻相應，得其支援，故可无悔。

直譯

六五爻辭：悔恨消失了。他的同宗親人正在吃肥美柔脆的肉，此時前往，有什麼過錯？

《小象傳》說：所謂「厥宗噬膚，往」，是表示有宗廟喜慶之事呀。

補注

〈噬嗑卦〉六二爻辭：「噬膚滅鼻，无咎。」可與此爻合看。

六 上九：睽孤，見豕負塗①，載鬼一車②；先張之弧，後說之弧③；匪寇，婚媾。往，遇雨④則吉。

《象》曰：「遇雨」之「吉」，群疑⑤亡也。

①見豕負塗：看見豬背上塗滿污泥。負：背。塗：泥。一說：塗，通「途」，路上。句謂見豕曳車，背道而馳。

②鬼：通「餽」，贈物。一說：通「賄」，財貨。

③後說之弧：是說起先欲射，後來卻又不射。說：同「脫」。弧：木弓。一作「壺」，是說後來反而以酒食相待。

④遇雨：上九屬陽，雨屬陰，遇雨即表示陰陽交合，也看不到「豕負塗」了。

⑤群疑：很多的疑問；種種的懷疑。

直譯

上九爻辭：乖離獨處，看見豬背塗滿污泥在途中，裝載禮品財物滿滿一車子；起先拉開弓弦想要射牠，後來又把弓弦解了下來（反而以酒食相待）。原來來的不是盜寇，而是來求婚配的佳偶。此時前往，如果遇見下雨就吉祥。

《小象傳》說：所謂「遇雨」的吉祥，是表示種種的猜疑全都消失了呀。

補注

屈萬里師《學易劄記》解釋「載鬼一車」的「鬼」，除了解作「讀與『餽』同」之外，又補列「鬼，鬼方之人」一說。說：

「鬼方為殷商之患，故疑其為寇，而不知此一車之鬼，實來為婚媾者也。」

新繹

李光地《周易折中》引馮當可之說：「內卦，皆睽而有所待；外卦，皆反（返）而有所應。」這是從「上火下澤」的卦體來說的。內卦的三爻講的是分，是睽違乖離；外卦三爻講的是合，是因應配合。前者講「分」，卻「有所待」；後者講「合」，故「有所應」。

因此，馮當可從陰陽應承之道來看六爻，認為：初九「喪馬勿逐」、「見惡人」，到了九四，已「遇元夫，交孚」，初爻、四爻相應而合矣；九二「遇主于巷」，所謂不期而遇者，必分離在先，到了六五「厥宗噬膚」、「往有慶」，二爻、五爻已相應而合矣；六三「見輿曳……」，雖然睽違乖異，但到了上九，「先張之弧，後說之弧」，三爻、上爻亦已相應而合矣。也因此，他下結論：「天下之理，固未有終睽也。」

天下沒有「終睽」的道理，分久必合，合久必分，天地萬物「其事同」、「其志通」、「其事類」，莫不如此，大同小異而已。所以《彖傳》說：「睽之時用大矣哉！」欲求合睽之功，則宜「以同而異」，從「小異」處著眼，換言之，「小事，吉」。

三十九、蹇卦

解題

蹇，即跛腳，前有險阻，行走困難。引申有困頓難行的意思。屯卦因動而生難，蹇卦則因止而見難。

此卦以九五為主爻，即彖辭中所謂「大人」。

一、卦形、卦體

䷦艮下坎上

【卦形淺說】

此卦艮下坎上，艮為山，坎為水，山上有水，山高水深，有難行之象。又，坎上艮下，坎為險，艮為止，遇險則止。此為智者。

二、卦名、卦辭

蹇：利西南，不利東北。①利見大人②。貞吉。

注釋

①利西南二句：文王八卦圖，坤居西南時，艮居東北，坤為地，利於行，艮為山，剛峻險難。請參閱〈坤卦〉。

②見：謁見。一說：同「現」，出現。大人：指九五爻。六二與九五正應。

直譯

〈蹇卦〉象徵困頓艱難：有利於往西南行，不利於往東北行。有利於出現有影響力的大人物。守正即可吉祥。

補注

此卦的「西南」、「東北」，漢、魏《易》學者多以卦變解之。如謂西南為坤，乾動，往居坤五，故得中之類。喬萬民譯注《白話易經》說：依《說卦傳》，〈坤卦〉在西南，〈艮卦〉在東北，但此卦並未提及〈坤卦〉，就卦形而言，亦不含西南。因為漢代《易》學家即將卦形變換，以解釋西南。實則《易經》中的象徵並不固定，凡卦形一陽二陰的，都視同〈坤卦〉演變而來，故上卦〈坎〉亦可視同〈坤〉，指西南，〈坤〉又是地，地平便於行走，故云「利西南」。

屈萬里老師《周易集釋初稿》則云：東北，殷所在；西南，周所在。故《易》多以西南為利，東北為不利。

（一）彖傳

《彖》曰：蹇，難也，險在前①也。見險而能止②，知③矣哉！「蹇，利西南」，往得中④也。「不利東北」，其道窮也。「利見大人」，往有功⑤也。當位⑥，「貞吉」，以正邦⑦也。蹇之時用大矣哉！

直譯

《彖傳》說：〈蹇卦〉，象徵危難呀，險阻就在面前呀。看見險阻而能停止不前，是明智的啊！

所謂「蹇，利西南」，是說前往時獲得中正之道呀。所謂「不利東北」，是說那條道路已陷入困境了。所謂「利見大人」，是說前往謁見會有功效呀。所見的大人物就在適當位置上，守正而吉祥，可以用來端正邦國呀。〈蹇卦〉的因時而用的道理，真是偉大極了啊！

①險在前：指上卦為坎，坎為險。
②見險而能止：指下卦為艮，艮為止。與上句皆以卦體卦象以釋卦義。
③知：通「智」。
④往得中：此卦九五、六二皆居上下卦之中。
⑤往有功：指六二上應九五，九五多功，故云。
⑥當位：六二以上諸爻皆居正位。此特指九五而言。
⑦邦：一作「國」字。漢儒避高祖劉邦諱，多改「邦」為「國」，至東漢時，則或不避西漢國諱。見李富孫《易經異文釋》。

（二）大象傳

《象》曰：山上有水①，蹇。君子以反身修德②。

直譯

《大象傳》說：高山路上有積水，是〈蹇卦〉的象徵。君子因此反躬自省，進德修業。

補注

《孟子．離婁上》：「行有不得者，皆反求諸己。」程頤《伊川易傳》藉此闡釋「反身修德」的寓意，說：「君子之遇艱阻，必反求諸己而益自修。」

①山上有水：此卦艮下坎上，艮為山，坎為水，故云。

②反身修德：反省自己，進德修業。反：一作「正」。

三、爻辭及小象傳

一 初六：往蹇，來譽。①

《象》曰：「往蹇，來譽」，宜待②也。

直譯

初六爻辭：往前困頓難行，回頭走，會被讚美。

①往蹇來譽：去時難行，回頭走才好。往：上行。來：下行。譽：安樂。

②待：等待適當時機。

《小象傳》說：所謂「往蹇，來譽」，是表示應當等待時機呀。

補注

王弼《周易注》：「處難之始，居止之初，獨見前識，覩險而止，以待其時。知矣哉！故往則遇蹇，來則得譽。」

二 六二：王臣蹇蹇①，匪躬之故②。

《象》曰：「王臣蹇蹇」，終无尤③也。

直譯

六二爻辭：像君王的大臣在重重的危難困頓之中，卻不是為了他自己的緣故。

《小象傳》說：所謂「王臣蹇蹇」，終究沒有過錯呀。

①王臣蹇蹇：王指九五，臣指此爻六二。蹇蹇：難上加難，困頓難行的樣子。王臣，帛書本作「王僕」。一說：蹇通「謇」，直諫之意。

②匪躬之故：不是為了自己的緣故。指九五在重重坎陷之中，六二仍與九五正應，不畏艱難。一說：故，事。上博本「躬」作「今」，非今之故，是說早已如此。

③尤：過失，怨尤。

補注

「王臣蹇蹇」是說王臣難為。蹇蹇，屢犯險難，備極勞苦。一說：通「謇謇」，直諫不已。馬王堆帛書本「臣」作「僕」，臣、僕通用。

「匪躬之故」，上博本作「非今之故」，即「自古已然」、「早已如此」之意。古人常說：伴君如伴虎，忠臣犯諫死，此言不誣。

三 九三：往蹇，來反①。

《象》曰：「往蹇，來反」，內②喜之也。

① 往蹇來反：指九三雖與上六正應，但上六陰而無位，前往又遇坎陷，不如退居原處，尚有二陰爻支援。來反：一作「來正」。

② 內：指內卦的六二陰爻。

直譯

九三爻辭：往上困頓難行，不如回頭返回原處。

《小象傳》說：所謂「往蹇，來反」，是說在內部原處的，都會高興這樣做呀。

補注

此即《彖傳》所謂「見險而能止，知矣哉！」

四 六四：往蹇，來連。①

《象》曰：「往蹇，來連」，當位實②也。

直譯

六四爻辭：前往困頓難行，不如歸來和九三爻連繫在一起。

《小象傳》說：所謂「往蹇，來連」，是由於他們都居於正位，剛勁有力呀。

補注

「來連」有數解，請參閱「新繹」。

---

①往蹇：指六四陰柔，往上更入坎陷之中。連：連接，結合。

②當位實：實當位。指六四與九三連接，六四陰爻居陰位，九三陽爻居陽位，皆當位得正，故有九三陽爻為其後盾，會剛勁有力。

五 九五：大蹇①，朋來②。

《象》曰：「大蹇，朋來」，以中節③也。

直譯

九五爻辭：遇到大大的危難，但朋友成群而來相助。

《小象傳》說：所謂「大蹇，朋來」，是因為合乎中道而有節制呀。

補注

「朋來」，上博本作「不來」。不，幫母之部；朋，並母蒸部，古音相近，可以對轉。

六 上六：往蹇，來碩①，吉。利見大人②。

《象》曰：「往蹇，來碩」，志在內③也。「利見大人」，以從貴④也。

① 大蹇：非常危難。指九五陽爻為大，且居坎陷之中。
② 朋來：朋友成群都來了。指九五陽剛中正，居尊位，下與六二正應，又與六四、上六親比，故雖大蹇而无咎。
③ 中節：中正而有節制。一說：以中正之道為操守。

① 碩：遠大，大功。指九三。
② 大人：大人物。指九五。
③ 志在內：指上六與九三正應，又下從九五。九三、九五皆居上六之內。
④ 從貴：遵從上位九五。貴：指九五。

直譯

上六爻辭：前往遇見困頓險阻，歸來立了大功。有利於出現大人物。

《小象傳》說：所謂「往蹇，來碩」，是由於心志都在於聯合內部呀。所謂「利見大人」，是因為遵從居於尊位的貴人呀。

新繹

讀《周易》，常有異文歧解。像〈蹇卦〉的「蹇」，慧琳《一切經音義》屢引之，都作：「謇，難也。」許慎《說文解字》云：「蹇，跛也。」段玉裁《說文解字注》則云：「行難謂之謇，言難亦謂之蹇，俗作謇，非。」今《周易》通行本同作「蹇」，蹇固解為難矣。同樣的，九三爻辭「往蹇來反」及《象傳》「君子以反身修德」等句，「反」字，據郭京《周易舉正》及俞琰《周易集說》考訂，皆應作「正」。箇中是非，頗難論定。六四爻辭「往蹇來連」的「連」字，尤為難解。據許慎《說文解字》：「連，負車也。」段《注》解釋「負車」為：「人輓車而行，車在後如負也。」「連車」本作輦車，蓋「與車相屬不絕，故引申為連屬字。」惠棟《周易述》則云：「虞氏（翻）讀連為輦，輦亦難也。王弼謂往則無應，來則乘剛，往來皆難，是王亦讀為輦。古文輦作連，見《周禮．鄉師》注。」一作連屬解，一作難行解。另外，陸德明《經典釋文》又引馬融之說：「連，亦難也。鄭（玄）如字，遲久之意。」鄭玄解為「遲久」，大概也有難行之義。

除此之外，筆者又曾疑「連」字為「漣」之訛。查揚雄《方言》云：「自關而西，秦晉之間，凡蹇者或謂之漣，體而偏長短亦謂之漣。」可見身體不平衡，行走時一高一低，也叫做漣。漣與連形近而誤，而其義則皆蹇難之謂。

雖然如此，筆者還是取「連屬」一義，同意朱熹《周易本義》所說的「連於九三，合力以濟」，所以譯注也都採用此一觀點。

四十、解卦

解題

解，即排除、解脫，指危難險阻已經排除。此卦與〈蹇卦〉為綜卦，有困難固須排除，但排除後又易耽於安樂，產生困難，故二者相反相成。

此卦以九二、六五為主爻。《彖傳》所謂「乃得中也」、「往得眾也」。

一、卦形、卦體

䷧坎下震上

【卦形淺說】

卦體震上坎下，震為雷，坎為雨，陰陽交感，雷雨大作，是春回大地之象。坎為險，震為動，遇險而能動，出乎險難之外，有「解」之象。

二、卦名、卦辭

解：利西南①。无所往②，其來復③，吉。有攸往，夙④吉。

直譯

〈解卦〉象徵排除危難險阻：有利於前往西南方。如果沒有前往的目標，應該回到原處才吉祥。如果有前往的目標，及早前去，吉祥。

補注

「利西南」見於本卦，亦見於〈蹇卦〉。王弼注〈蹇卦〉云：「西南，地也；東北，山也。以難之平，則難解；以難之山，則道窮。」注本卦則云：「西南，眾也；解難濟險，利施於眾。」二者取象雖同，而其寓義則各異其趣。〈蹇卦〉旨在濟險，故須善度時勢；〈解卦〉旨在解難，故宜及早從速。

（一）彖傳

《彖》曰：解，險以動，動而免乎險，①解。

注釋

① 利西南：文王後天八卦方位，西南方位屬坤。坤為地，已無坎險，坤柔順，更宜濟險。利西南即表示宜用柔以化險為夷。

② 无所往：疑為衍文。

③ 其來復：應該歸返。其：應。

④ 夙：早，及早。

① 險以動：此卦坎下震上，坎為險，震為動，故云。以：而。動而免乎險：震出坎外，振動解脫以免落入坎險之中。

「解，利西南」，往得眾②也。「其來復，吉」，乃得中也。③「有攸往，夙吉」，往有功④也。天地解，而雷雨作；⑤雷雨作，而百果草木皆甲坼⑥。解之時大矣哉！

②得眾：西南為坤，坤為眾。

③「其來復」前，疑有脫文。得中：指九二居中得位。

④往有功：亦指九二能與六五正應。

⑤解：解緩，解凍。雷雨作：震為雷，坎為雨。春回大地，雷雨大作。

⑥甲坼：花果草木初生芽葉時破土而出。甲：皮殼。坼：裂開。各種植物殼皮破裂，再度萌芽。

直譯

《彖傳》說：排除危難險阻，是表示在危難險阻中還能行動，能行動而又能免除了危難險阻，這就是〈解卦〉的象徵。所謂「解，利西南」，是表示前往能得到眾人心之所向呀。所謂「其來復，吉」，是表示行動能合乎中正之道呀。所謂「有攸往，夙吉」，是表示前往最後必有功效呀。

天地解凍，而後雷雨大作；雷雨大作，而後百果草木都可長出芽葉，破土而出。〈解卦〉的排除時機真是太重要了啊！

補注

核對卦辭，《彖傳》「其來復」前，脫「无所往」三字。

（二）大象傳

《象》曰：雷雨作①，解。君子以赦過宥罪②。

直譯

《大象傳》說：雷雨交相發作，是〈解卦〉的象徵。君子取法它，對人赦免過錯，寬恕罪惡。

補注

古代斷獄刑戮，多在秋冬二季。《後漢書．陳寵傳》說：判死刑的人，如果到除夕尚未執行，就要延到第二年的冬天。此即赦過宥罪之一例。

①雷雨作：此卦坎下震上，震為雷，坎為雨。作：發動，興起。故云。

②赦過宥罪：赦免過錯，寬恕罪惡。

三、爻辭及小象傳

❶

初六：无咎①。

《象》曰：剛柔之際②，義③「无咎」也。

①无咎：指初六以陰柔上承九二，並與九四正應。

②剛柔之際：剛，指九二陽爻；柔，指初六陰爻。一說：剛指九四陽爻。際：交界。

③義：事物之宜。

直譯

初六爻辭：沒有差錯。

《小象傳》說：陽剛陰柔的連接交會，按道理說，本就沒有差錯。

補注

胡炳文《周易本義通釋》：「〈恆〉九二『悔亡』，〈大壯〉九二『貞吉』，〈解〉初六『无咎』，三爻之占只二字，其言甚簡。象在爻中，不復言也。」象在爻中，如九二爻辭「田獲三狐，得黃矢」之類。

二 九二：田獲三狐①，得黃矢②。貞吉。

《象》曰：九二「貞吉」，得中道③也。

直譯

① 田獲三狐：田獵時捕獲三隻狐狸。田：同「畋」。三狐指初六、六三、上六三陰爻。九二居中，與君位六五相應。

② 黃矢：黃為中央正色；矢代表剛直、尊貴。

③ 中道：指九二居下卦之中，又上應六五，六五居上卦之中，二者俱得正位。

九二爻辭：田獵時捕獲了三隻狡猾隱藏的狐狸，得到了黃色的箭頭。守正就吉祥。

《小象傳》說：九二爻辭所謂的「貞吉」，是表示合乎中正之道呀。

補注

王弼《周易注》以為三狐指初、三、上這三個陰爻；黃矢指居中剛直的九二。六五雖亦為陰爻，但它在君位上，居中守正，卻無力制下，幸有九二相應，猶如田獵時有金箭足可射殺三狐，故得貞吉。朱熹《周易本義》云：「此爻取象之意，未詳。或曰：卦凡四陰，除六五君位，餘三陰，即三狐之象也。大抵此爻為卜田之吉占，亦為去邪媚而得中直之象。」

三 六三：負且乘①，致寇至②。貞吝。

《象》曰：「負且乘」，亦可醜③也。自我致戎④，又誰咎也？

①負且乘：肩扛背負貨物的勞工，卻搭乘富貴人家的大車子。指六三以陰爻居九二與九四兩個陽爻之間。

②致寇至：引得盜賊來搶。

③醜：羞愧，批評。

④自我致戎：自己引來禍端。戎：一作「寇」，爻辭作「寇」。

直譯

六三爻辭：肩負重物，卻又乘坐大車子，會招引盜賊來搶劫。即使守正，也會悔恨。

《小象傳》說：所謂「負且乘」，也是值得批評的呀。自己引來禍端，又能說是誰的錯呢？

補注

陳夢雷《周易淺述》以為此卦主張排除之小人，係指六三陰爻。九二之獲狐、九四之解拇、上六之射隼，亦皆針對六三而言。

四 九四：解而拇①，朋至②斯孚。

《象》曰：「解而拇」，未當位③也。

①解而拇：放開你的大拇趾。而：爾，你。指九四爻。拇：大腳趾，有時兼指大拇指。一說：解，排除；而，一作「丌」，其。

②朋至：指九二爻，與九四同屬陽爻。一說：指初六。

③未當位：九四雖屬陽剛，但陽居陰位，居位不當，不能輔佐六五之君。

直譯

九四爻辭：放開你的大腳趾，朋友來了，這樣才有誠信可言。

《小象傳》說：所謂「解而拇」，是表示九四爻還沒有在適當位置上呀。

補注

陸德明《經典釋文》解釋「拇」字，說：陸績云「足大指」，王肅云「手大指」。此卦上體為震，身體取象，震為足，初六、六三皆在足下，九四與初六陰陽正應。故此「拇」應指大腳趾初六。

五 六五：君子維有解①，吉。有孚于小人②。

《象》曰：「君子」「有解」③，「小人」退也。

直譯

六五爻辭：君子一直上下維繫著，能夠排解危難，吉祥。對

①君子：指九二、九四兩個陽爻。維：維繫。指六五既與九二正應，又與九四親比，並相連繫著。一說：維，即「惟」，語助詞。

②有孚于小人：小人指初六、六三兩陰爻。此句呼應《大象傳》所謂「赦過宥罪」。小人：指平民百姓。

②君子有解：六五爻辭的省文。

於小人也有誠信。

《小象傳》說：所謂「君子」、「有解」云云，是表示小人受了感化都退卻了。

補注

「君子維有解」，有人把「維」解為語助詞，通「惟」，把全句譯為：「君子能夠解除險難」，當然很好。其實把「維」解為繩索、牽繫，把全句譯成：「為君子鬆綁」，也不成問題。古人說：《詩》無定詁，其實《易》也無定詁。

六 上六：公用射隼于高墉之上①，獲之。无不利。

《象》曰：「公用射隼……」②，以解悖③也。

① 公：指上六。因其非居君位。隼：猛禽惡鳥。指六三。墉：城牆。句謂六三居下卦坎陷的上位，故以高墉象之。

② 公用射隼：上六爻辭的省文。

③ 以解悖：用來解除悖亂違逆的現象。

直譯

上六爻辭：王公用箭射落了飛隼，在高高的城牆之上，捉到了牠。沒有不吉利。

《小象傳》說：所謂「公用射隼」云云，是用來排除叛逆者呀。

補注

武億《經讀考異》云：「攷《象》詞明言『公用射隼』，則宜字句為句。『于高墉之上獲之』連文為句，義較長。」

新繹

〈解卦〉和〈蹇卦〉卦形相反，卦義也相反相成。〈蹇卦〉是講遇到險阻就要暫停，〈解卦〉則是講脫離險阻需要多動。〈蹇卦〉中有些異文歧解，〈解卦〉中也有一些衍文脫字，造成解讀上的困難。

通行本的《周易》，〈解卦〉經文卦辭寫的是：「解：利西南。无所往，其來復，吉。有攸往，夙吉。」但有人以為「无所往」三字，是「後世傳說，誤入經文」。例如于鬯《香草校書》就說：「此三字，屬『其來復吉』讀，義殊未安。蓋言來，必先有往，既言『无所往』，何云其來？且『其來』與『有攸往』為對文，『復』與『夙』為對文，古經嚴整如此。若有『无所往』三字，則『无所往』與『有攸往』為對文，而『其來復』與一『夙』字失整齊矣。故知此三字必為衍文也。」他說的是有道理的。

假設他說的對，「无所往」三字是衍文，那為什麼在相傳孔子所撰的《彖傳》中，在「其來復吉」之上，也沒有此三字？是不是所據板本與今通行本不一樣？假設他說的不對，那「无所往」又該作何解釋呢？

《周易集解》引荀爽之說：「陰處尊位，陽無所往也。來復居二，處中成險，故曰復吉也。」朱熹《周易正義》也說：「无難可往，則以來復為吉。」可見有此「无所往」三字，一樣講得通。

至於于鬯擔心「復」與「夙」對文的問題，王弼早已有注：「有難而往，則以速為吉。」可見「夙」可作「速」解，可與「復」對。焦循《周易補疏》說得更清楚：「凡事早則速。速、夙音義皆通。」這樣說來，又似乎應有「无所往」三字。

但為什麼通行本的經文卦辭和《易傳》的引文有出入呢？這就令人難以定其是非了。

〈解卦〉六三爻辭「負且乘，致寇至，貞吝」，對照《小象傳》的「負且乘，亦可醜也。自我致戎，又誰咎也？」顯而易見，「致戎」應是「致寇」之誤。這從《繫辭上傳》所引孔子對「負且乘，致寇至」的闡釋，也很容易可以看出來。

四十一、損卦

解題

損，即減省、貶抑。《序卦傳》：「緩必有所失，故受之以〈損〉。」

此卦以六五為主爻，而六三、上九則各為下卦上卦之主。

一、卦形、卦體

䷨兌下艮上

【卦形淺說】

卦體兌為澤，艮為山，平地挖土成澤，堆土成山，澤益深則山益高，取山下有澤、澤低山高之象。

又，兌為悅為陰，艮為止為陽，陰順從陽，下悅而上止，此即損下益上之象。

二、卦名、卦辭

損：有孚，元吉，无咎，可貞。利有攸往。①曷之用②？二簋可用享③。

直譯

〈損卦〉象徵減省：只要有誠信，就大大吉祥，沒有災禍。可以固守正道。有利於有所作為。如何利用它呢？用兩個簋來盛飯祭拜，就可以用來祭饗祖先鬼神了。

補注

「二簋」已見〈坎卦〉六四爻辭「簋貳」，比喻微薄的器物。此句是說：只要心存誠敬，即使用微薄的器具來盛食物，祭祀鬼神祖先，神靈一樣會受祭降福。

（一）彖傳

《彖》曰：損，損下益上，其道上行①。損而「有

注釋

①可貞二句：表示守其常道亦可，但有所往，則將得利。

②曷：何。之：指「損」。

③簋：古代祭祀用以盛黍稷的器具。一作「甌」，或「毀」。古通假字。享：一作「亨」。

孚，元吉，无咎，可貞。利有攸往。曷之用？二簋可用享」，二簋應有時②，損剛益柔③有時。損益盈虛，與時偕行④。

①上行：向上奉獻施行。即損下以益上。此卦下卦三爻皆與上卦三爻正應。
②有時：有一定的時機。
③損剛益柔：剛、柔指陽爻、陰爻。此卦初九與六四正應。初九陽剛，六四陰柔。
④損益盈虛：損與益相對，盈與虛亦相對。與時偕行：同時並進。

直譯

《彖傳》說：〈損卦〉象徵的減損，是減損下面的臣民，來增益上面的王侯，它的道理就是向上面的來奉獻。減少以後，而卦辭所謂的「有孚，元吉，无咎，可貞。利有攸往。曷之用？二簋可用享」這些現象自然就產生了。不過減省到只用二簋來祭祀，應當注意它有一定適當的時機，減損陽剛的而來增加陰柔的，也有一定適當的時機。哪些應當減少或者增加、盈滿或者虛空，也都配合適當的時機一起來進行。

補注

「損下益上」有兩層意義，一是下自減損，以增益於上者，一是上者取其下，以自求肥厚。程頤《伊川易傳》解說為：「損上而益於下則為益，取下而益於上則為損。在人，上者施其澤以及下，則為益也；取其下以自厚，則損也。」不但把損益二者的意義分辨清楚，而且也把二者的得失利弊都說明白了。

（二）大象傳

《象》曰：山下有澤①，損。君子以懲忿窒欲②。

①山下有澤：此卦艮上兌下，艮為山，兌為澤，故云。

②懲忿窒欲：戒除憤怒，抑制欲望。懲：戒。窒：塞。

直譯

《大象傳》說：高山下有沼澤，是〈損卦〉損下益上的象徵。君子取法它，用來戒除怒氣，控制欲望。

補注

艮之取象，為山，為少男，少男如山，血氣方剛，衝動易怒；兌之取象，為澤，為少女，柔情似水，善柔誘人。山在地上，澤在地下。山澤臨水，則山益高，澤亦益深，水中之倒影如是也。少男衝動，少女善柔，易相吸引，故君子講修身之道，觀象而知以懲忿窒欲為戒。

三、爻辭及小象傳

❶ 初九：巳事遄往①，无咎。酌損之②。

《象》曰：「巳事遄往」，尚合志也③。

直譯

初九爻辭：遇到祭祀的事，要趕快前往，這樣做沒有過錯。可以酌量減少祭品。

《小象傳》說：所謂「巳事遄往」，是表示與上位者有相同的志向呀。

補注

巳、已古可通用。郭階《周易漢讀考》即云：「巳之訓有二：辰巳之巳，本義也；已止之已，引申義也。然辰巳之巳，實取已止之義。故篆書辰巳之巳，與已止之已，本係一字。」又云：「祀字本義訓祭，由巳得聲，亦有已義，而《說文》說為祭無已者，歲必祭祀，是無已也。四時之祭一周，則歲且更始，商

① 巳事遄往：祭祀的事趕快前往。巳，《周易集解》虞翻作「祀」。甲骨文祀作「巳」。一說：巳事，既成之事。遄：速，趕快。

② 酌損之：可以斟酌減少祭品。表示人到最重要。

③ 尚：上。指六四爻。合志：初九與六四正應。尚：一作「上」。

人謂年為祀，即取時祭終訖之義。是祀字無論訓祭、訓年，皆取義於已。故祀、已可以通用。」他把祀和巳、已可以通用的道理，說得很清楚。

因為卦辭有「可貞」、「二簋可用享」之語，六五爻又有「或益之十朋之龜」等句，故筆者不採「已事，既往之事」之說，認為講祀祭之事比較正確。

二 九二：利貞①；征凶②。弗損益之。

《象》曰：九二「利貞」，中以為志③也。

直譯

九二爻辭：有利於守常固正；如果上行就會有凶險。不要減少或增加它。

《小象傳》說：六二爻辭的所謂「利貞」，是表示以中道來做為心中的願望呀。

① 利貞：有利於貞固守常。指九二爻居中，又與六五正應。

② 征凶：前往則凶。征：一作「往」。

③ 中以為志：以中道為念，要堅守中正之道，不要任意損益，須與時偕行。

補注

「弗損益之」，或斷句為「弗損，益之」，是說不要減損，只要增益它。事實上，兩種解釋並無牴觸。

「弗損益之」乃承上文「損剛益柔有時」、「損益盈虛，與時偕行」而來，損則益之，益則損之，這才是「與時偕行」。頗多學者認為必須讀作「弗損，益之」，似無必要。

三 六三：三人行，則損一人；一人行，則得其友。

《象》曰：「一人行」①，三則疑②也。

① 一人行：爻辭「一人行，則得其友」的省文。

② 三則疑：兩人成偶，三人則會互相猜忌。

直譯

六三爻辭：三人同行，就該減少一人；一人獨行，就會找到他朋友。

《小象傳》說：所謂「一人行」云云，是表示三人就會互相猜疑呀。

補注

參閱「新繹」部分。

四 六四：損其疾①，使遄有喜②。无咎。

《象》曰：「損其疾」，亦可喜也。

直譯

六四爻辭：減少他過於陰柔的毛病，使他很快有喜慶之事。可以沒有災殃。

《小象傳》說：所謂「損其疾」，是表示也是值得喜慶的呀。

補注

損益之事，可喜者是增其益；如果不能增其益，但能減少損傷，只是「損其疾」，也還算是值得慶幸的事，所以說：「亦可

①損其疾：指六四雖以陰爻而居陰位，卻因下應初九，得其助益，可補其過於陰柔之弊。

②使遄有喜：使它很快得到喜慶之事。

喜也」。「亦可喜」比「可喜」略遜一級。

五 六五：或益之十朋之龜①，弗克違②。元吉。

《象》曰：六五「元吉」，自上祐③也。

直譯

六五爻辭：就像或許有人贈送給他價值十朋的龜甲，不可違背所占驗的好意。大大吉祥。

《小象傳》說：六五爻辭所謂的「元吉」，是表示從上天得來的保祐呀。

補注

有人（例如王弼《周易注》）斷句為：「或益之。十朋之龜弗克違」，亦頗可取。「十朋之龜弗克違」，是比喻貴重的龜甲所占卜辭，不可違其旨意。此指六五爻以謙柔居君位，以應九二賢臣，當損之時，可受天下之益。

① 或益之：或，不定之詞，或許有人，指九二。九二陽剛，與六五正應，對六五有益。十朋之龜：價值十朋的龜甲。商代以龜貝為錢幣，以朋為單位。一朋二系，一系五枚。十朋約有百數，極言其貴重。殷人又以龜甲卜吉凶，信而不疑。

② 弗克違：不敢違背龜卜的占驗。一說：不敢推辭。

③ 上：天。指上九。祐：助。一作「右」。

六　上九：弗損益之①。无咎，貞吉，利有攸往，得臣无家②。

《象》曰：「弗損益之」，大得志也。

①弗損益之：不任意減損或增益。一說：不損而益之。是說損而不極，反而有益。

②得臣无家：帛書本「臣」作「僕」。臣僕都指被俘獲的無家之人。家：指公卿大夫。古代卿大夫之家，被滅亡之後，其家人多沒為臣僕。無家：是表示已無遠近內外的限制。

直譯

上九爻辭：不要減損或增益它。沒有災禍，守常固正就吉祥，有利於有所作為；俘獲的臣僕，他們都是無家之人。

《小象傳》說：所謂「弗損益之」，是表示大為得意呀。

補注

「弗損益之」，有人斷句讀作「弗損，益之」，譯解為：不用自我減損，即可增益他人。亦通。

新繹

〈損卦〉的卦體，是兌下艮上，卦象是：損兌澤之深，以增艮山之高。據李鼎祚《周易集解》引鄭玄注云：「艮為山，兌為澤，互體坤，坤為地。山在地上，澤在地下，澤以自損增山之高。猶諸侯損其國之富，以貢獻於天子。故謂之損矣。」這個注解非常簡要精當。所謂「互體坤」，是指〈損卦〉的三至五爻互體為「坤」。《周易集解》又引蜀才之說：「此本〈泰卦〉。案，〈坤〉之上六，下處〈乾〉三，〈乾〉之九三，上升〈坤〉六，損下益上者也。」亦即指此而言。可能有讀者不解它們背後的含意，故底下略作說明。

從卦變的角度看，〈損卦〉䷨是從〈泰卦〉䷊而來，是把〈泰卦〉的九三陽爻，和上六的陰爻換位而成。〈泰卦〉原是乾下坤上，下卦三陽，上卦三陰，〈損卦〉則是六三損陽為陰，而上九損陰為陽，這就叫做「損下益上」。譬如三人之行，上下卦體已非三人同行，各損一人矣。〈損卦〉六三已損陽為陰，如繼續上行，則與六四、六五二爻互坤，三陰並進，必將有損於上位上九一陽；但如或六三僅作一人之獨往，則能與上九正應，所謂「得其友」，陰陽和合，可得其友朋。

關於這個道理，王弼《周易注》說得很清楚。他已把三、四、五爻三陰，比喻為「三人」，這樣說：「損下益上，其道上行」，又：「三人，謂自六三已上三陰也；三陰並行，以承於上，則上失其友，內无其主，名之曰益，其實乃損。故天地相應，乃得化醇；男女匹配，乃得化生，陰陽不對，生可得乎？故六三獨行，乃得其友；三陰俱行，則必疑矣！」這是說一人獨行，可以專情求合，如果三人同行，將使對方徬徨無主。

四十二、益卦

解題

益，即增加、充裕。原指水從器皿中滿溢出來，引申有增益、富足之意。有時亦可解作「賜與」。

〈益卦〉和〈損卦〉是綜卦。損是損下以益上，益則是損上以益下，二者正好相反。《雜卦傳》說：「〈損〉、〈益〉，盛衰之始也。」

此卦以九五、六二為主爻，而上下卦則以六四、初九為主。

一、卦形、卦體

䷩震下巽上

【卦形淺說】

卦體震下巽上，震為雷，巽為風，風雷相激，互為助益。程頤《伊川易傳》云：「風烈則雷迅，雷激則風怒，二物相益者也。」

二、卦名、卦辭

益：利有攸往。利涉大川。

直譯

〈益卦〉象徵增加：利於有所作為。利於涉渡大河巨川。

補注

此卦由〈震〉、〈巽〉二卦構成，二者在五行中皆屬於木。木為舟船之象，而此卦主爻為九五、六二，皆居中正而相應，故占得此卦者，說是「利有攸往」、「利涉大川」。

（一）彖傳

《彖》曰：益，損上益下，民說①无疆。自上下下②，其道大光。「利有攸往」，中正有慶③；「利涉大川」，木道乃行④。

益動而巽⑤，日進无疆；天施地生，其益无方⑥。凡

注釋

①說：同「悅」。

②自上下下：降尊紆貴的意思。

③中正有慶：九五、六二皆居中守正。

④木道乃行：〈益卦〉震下巽上，震巽五行皆屬木，象徵船。巽又是風、順，象船順風而行。也有人以為「木道」當作「益道」。

⑤益動而巽：〈震卦〉為動，〈巽卦〉為順。此以上下卦體解釋卦義。

⑥无方：無比。形容廣大的樣子。

益之道，與時偕行。

直譯

《彖傳》說：〈益卦〉是減損君上來增益臣下，因此臣下都喜悅無限。從上往下施恩給臣下，它的道理因此大放光明。所謂「利有攸往」，是由於居中守正獲得喜慶；所謂「利涉大川」，是由於木舟順風可以航行。益加活動卻更順利，天天進步而永遠無窮無盡。上天施給，大地涵養，它們的增益，沒有界限。所有增益的道理，都和適當的時機一起配合來進行。

補注

《淮南子・人間訓》和《說苑・敬慎篇》都有孔子論損益二者互補的道理，可與本爻合看。

（二）大象傳

《象》曰：風雷①，益。君子以見善則遷②，有過則

①風雷：此卦震下巽上，震為雷，巽為風，故云。此釋卦象、卦名。
②遷：向善，學習，跟從。

改。

直譯

《大象傳》說：變天時疾風迅雷，是〈益卦〉的象徵。君子取法它，看到別人的好處很快就跟從，發現自己有過錯很快就改正。

補注

《論語．鄉黨篇》：「迅雷風烈必變。」程頤《伊川易傳》亦云：「風烈則雷迅，雷激則風怒，二物相益者也。君子觀風雷相益之象，而求益於己。為益之道，見善則遷，有過則改矣。」他點出〈益卦〉的卦象重點，不止在遷在改，而且還要迅要烈。

三、爻辭及小象傳

一

初九：利用為大作①，元吉，无咎。

《象》曰：「元吉，无咎」，下不厚事②也。

①用為：用於。大作：大有作為，大事，大工程。例如率民農耕、營建城邑等等。

②下：下民，指初九。不厚事：不過勞於工作，不做大事。

直譯

初九爻辭：有利於用來做大事，最為吉利，沒有差錯。

《小象傳》說：所謂「元吉，无咎」，是因為在下位的臣民不承擔重任呀。

補注

「大作」指國之大事而言。周以農立國，故視農耕為大事。有人配合爻辭為周公所作之說，六四爻又有「為依遷國」之言，認為此言周公營建洛邑、大興土木之事。並據《尚書・洛誥》及《逸周書・作雒解》等篇，證明在遷都過程中，確實反復卜問。《史記・周本紀》也同樣有「周公復卜申視，卒營築，居九鼎焉」的記載。

二 六二：或益之十朋之龜①，弗克違。永貞吉②。王用享于帝③，吉。

① 或益之句：指六二爻與九五正應，得益甚多，有如益之十朋之龜。

② 永貞吉：永貞則吉。指六二以陰居中。

《象》曰：「或益之……」④，自外來⑤也。

直譯

六二爻辭：就像有人贈送他價值十朋的龜甲，所占得的卜辭是不可以違背的。永久守正就吉祥。君王因此祭饗於天帝，果然吉利。

《小象傳》說：所謂「或益之」云云，是表示從外而來的呀。

補注

開頭兩句，也曾出現在〈損卦〉的六五爻辭中。不過，〈益卦〉與〈損卦〉相綜相反，所以〈益卦〉的「六二」相當於〈損卦〉的「六五」，受益的是在下位的臣民。六二只要謙柔中正，能與九五相應，就可得到助益。即使君王舉行祭天大典，用貴重的十朋靈龜來占卜，結果也應當如此。

③王用享于帝：王，指九五。用，指用「靈龜」以祭饗天帝。

④或益之：六二爻辭的省文。

⑤自外來：外，指九五。內卦居中的六二，與外卦中位的九五正應，所得助益係自外卦來。

三 六三：益之用凶事①，无咎。有孚中行②，告公用圭③。

《象》曰：「益」用「凶事」④，固有之也。

① 之：指六三。凶事：征伐之事。

② 中行：合乎中道的行為。一說：路上，途中。

③ 告公：稟告王公。一說：宣告大眾。用圭：持圭晉見。圭：玉製的禮器。據《禮記．郊特牲》，大夫持圭，是表示守信。

④ 益用凶事：六三爻辭的省文。

直譯

六三爻辭：增益他，用災禍的事來歷練，沒有差錯。有誠信，中道而行，報告王公，持用玉圭。

《小象傳》說：所謂「益用凶事」云云，本來就有這種道理呀。

補注

據《周禮．大宗伯》記載，諸侯各國如發生天災、戰亂、飢荒或君主死亡等重大事故，可報告天子，並通知友邦，請求援助。所謂「以凶禮哀邦國之憂」。《左傳》、《國語》不乏其例。喬萬民《白話易經》即曾引《國語．魯語》記魯莊公二十七年發生飢饉，臧文仲曾持圭赴齊求助。

又，「中行」一詞，不知是否指晉六卿之一的「中行氏」而言。如果是，則中行為氏族名稱，為人名。下爻同。

四 六四：中行告公從①，利用為依遷國②。

《象》曰：「告公從……」③，以益志④也。

直譯

六四爻辭：以中行之道報告王公，得到允許，有利於用來為殷商遷移國都。

《小象傳》說：所謂「告公從」云云，是用來堅定遷都的意志呀。

補注

遷都是大事，殷商曾遷都五次，周代亦然。《左傳・隱公六年》即有「我周東遷，依靠晉、鄭」（周之東遷，晉鄭焉依）的記載。參閱初爻「補注」。

① 告公從：向王公報告得到允許。

② 為依遷國：為依（殷）遷移國都。依：殷。金文中多假依為殷。國：國都。六四近九五，親比於君，有依附之象。下卦震，性動，坤為國，有遷國之象。

③ 告公從：六四爻辭的省文。

④ 益志：有益於志慮。

五 九五：有孚，惠心①，勿問，元吉②。有孚惠我德③。

《象》曰：「有孚惠心」，「勿問」之矣。「惠我德」，大得志也。

①有孚惠心：有誠信，順從人民的想法。惠：順從，感激。

②勿問元吉：不必占問，也知大吉。指九五居中位尊，陽剛有力，而居下卦之中的六二又相正應，互相配合，有誠意，不問可知結果必然大吉。

③惠我德：感激我的德澤。德：同「得」，一方施恩，另一方也有回報。我：指九五。

直譯

九五爻辭：如果我有誠信，順從人民的想法，不問可知，大大吉祥。人民也會有誠信，感激我的恩澤。

《小象傳》說：所謂「有孚惠心」，是表示不必再占問它了。所謂「惠我德」，是表示大大滿意呀。

補注

此爻與〈損卦〉的六五的立義雖有不同，卻有可相對互補之處。〈損卦〉的六五，是受下之益而獲「元吉」，而此爻之九五，則是但知民之當益而已，「勿問，元吉」。

六 上九：莫益之①，或擊之②。立心勿恆③，凶。

《象》曰：「莫益之」，偏辭④也；「或擊之」，自外來也。

直譯

上九爻辭：（過於陽剛）沒有人會增益他，或許還有人攻擊他。居心沒有恆久不變的操守，凶險。

《小象傳》說：所謂「莫益之」，是由於偏執不正常的片面之辭呀；所謂「或擊之」，是從外而來的意料不到的批評呀。

補注

孔穎達《周易正義》云：「勿，猶无也。求益无已，是立心无恆者也。无恆之人，必凶咎之所集。」

①莫益之：沒有人增益他。之，指上九。上九與六三正應，而六三陰柔不正，無從增益。

②或擊之：或許有人攻擊他。上卦坎為盜，三、四、五爻互艮為手，有攻擊之象。

③立心勿恆：居心不常。有存心不良、沒有操守之意。

④偏辭：片面之辭，不正常的言談。此有求而彼不應之辭。偏：一作「徧」，二字古通用。

新繹

〈損卦〉和〈益卦〉相綜相反，〈損卦〉是損下益上，〈益卦〉是損上益下，二者既互為消長，又交相為用。它們是一組。損、益是盛衰之始，泰、否則是盛衰通塞最後的結果。

上文說過，〈泰卦〉與〈否卦〉都是三陽三陰，也相覆相對，既交相為用，也互為消長。它們也自成一組。〈泰卦〉是小往大來，〈否卦〉是大往小來。小指陰，大指陽。往指向上向外，來指向下向內。〈損卦〉䷨是把〈泰卦〉䷊的九三陽爻與上六的陰爻換位而成，〈益卦〉䷩則是把〈否卦〉䷋的初六陰爻和九四陽爻換位而成。〈否卦〉原是坤下乾上，下卦三陰，上卦三陽，〈益卦〉則是震下巽上，損〈否卦〉乾上之陽，以益坤下之陰，因而下震陰多於陽，這就叫做「損上益下」。李鼎祚《周易集解》即引蜀才之說云：「此本〈否卦〉。案、乾之上九，下處坤初，坤之初六，上升乾四，損上益下者也。」

所謂「損上益下」，指的是〈益卦〉的六四下應初九，六四是陰，初九是陽，它們的相應，一樣是陰陽和合。關於它們的取象，《周易集解》所引的鄭玄之說，一樣說得很清楚：「陰、陽之義，陽稱為君，陰稱為臣。今震一陽二陰，臣多於君矣。而四體巽，之下應初，是天子損其所有以下諸侯也。」最後的三句用白話說，意思是：六四能夠體會巽為順為入的道理，來向下呼應初九，這是象徵天子能夠減損己之所有，用來增益他下屬的諸侯呀。

四十三、夬卦

解題

夬，原指拉弓射箭時，戴在大拇指上的護套，箭即由此離弦射出，所以引申有決斷、分裂之意。〈夬卦〉亦消息卦之一，代表三月。

此卦以上六、九五為主爻。

一、卦形、卦體

䷪乾下兌上

【卦形淺說】

卦體乾下兌上，乾為天，兌為澤，澤在天上，水氣上升，有決降成雨之象。

此卦五陽一陰，陽氣漸增而陰將消亡，象徵君子之排除小人，亦有「夬」之象。

二、卦名、卦辭

夬：揚于王庭①；孚號有厲②；告自邑③，不利即戎④。利有攸往。

直譯

〈夬卦〉象徵剛斷決裂：要公開揭發（小人的罪狀）在王公門庭之前；要懇切呼號，可能有凶險的預兆；要告誡自己同黨同邑的人，不利於立即動用武力。有利於有所作為。

補注

王弼《周易注》：「以剛斷制，告令可也。告自邑，謂行令於邑也。用剛即戎，尚力取勝也。尚力取勝，物所同疾也。」宏一按，「乃知兵者為凶器，聖人不得已而用之。」亦有此意。

（一）彖傳

《彖》曰：夬，決也，剛決柔①也。健而說，決而和②。

注釋

① 揚于王庭：顯揚於王庭之上。揚：揭示，顯揚。王庭：天子朝廷或公侯門庭。

② 孚號有厲：是說公開小人的罪狀，小人可能會反撲，會還擊。孚：誠，明確懇切。號：呼喊。有厲：有凶險。

③ 告自邑：要告誡自己同黨同邑的人。

④ 不利即戎：不利於動用武力。

「揚于王庭」，柔乘五剛③也。「孚號有厲」，其危乃光④也。

「告自邑，不利即戎」，所尚乃窮⑤也。「利有攸往」，剛長乃終⑥也。

① 剛決柔：指五陽爻對決一陰爻。陽長而陰消。

② 健而說：此以卦體釋卦義。乾下兌上，乾為健，兌為悅。說，同「悅」。決而和：雖決裂卻和平解決。

③ 柔乘五剛：指上六以一陰而凌駕於五陽之上。

④ 其危乃光：它的凶險才明白。

⑤ 所尚乃窮：表示別無他法。

⑥ 剛長乃終：陽剛之氣才能增長而終於決裂了一陰。

直譯

《彖傳》說：〈夬卦〉象徵決裂呀，陽剛決裂陰柔呀。剛健而又和悅，雖然決裂，卻能和平解決。

所謂「揚于王庭」，是因為一個陰柔小人凌駕五個陽剛君子呀。所謂「孚號有厲」，是因為這樣，它的危險才可以讓人明白呀。

所謂「告自邑，不利即戎」，是表示他所能擬定的辦法，已經窮盡了呀。所謂「利有攸往」，是表示陽氣繼續增長，才有好結果呀。

補注

李光地《周易折中》引徐幾云：「以盛進之五剛，決衰退之一柔，其勢若甚易，然而聖人不敢以易而忽之。」意思是：看似容易之事，更要小心處理。

（二）大象傳

《象》曰：澤上於天①，夬。君子以施祿及下②，居德則忌③。

①澤上於天：此卦兌上乾下，兌為澤，乾為天，故云。此以卦體解釋卦義。

②施祿及下：施與的恩澤，推及在下位的臣民。祿：俸祿。將俸祿分享給在下位者，即德澤。

③居德則忌：如果澤及下民就自居有德，那就忌諱不可為了。一說：「則忌」當作「明忌」。

直譯

《大象傳》說：沼澤中的水氣上升到天空中，這是〈夬卦〉的象徵。君子取法它，廣施恩德，澤及下民；如果這樣做而自居有德，那就該避諱。

補注

澤中水氣上升於天，蔚而成雨即下降，《彖傳》所謂「剛長乃終」，君子當取象於此。又，澤中積水，如果過多，終將潰決，宜早宣洩及下，君子當亦取象於此。

三、爻辭及小象傳

❶ 初九：壯于前趾①，往不勝②，為吝。

《象》曰：不勝而往，咎也。

直譯

初九爻辭：只要健壯在前面的腳趾頭，向上前進卻不能勝任，這是值得憾恨惋惜的。

《小象傳》說：不能勝任卻還要向上前進，是錯誤的呀。

補注

此卦五陽共決一陰，初九居下，有如「前趾」。其取象「壯于前趾」，對照〈大壯卦〉䷡四陽共決一陰的初九，「壯于趾，征凶」，以羝羊前往觸藩為喻，則其「往不勝，為吝」，乃必然之事。

①壯于前趾：指初九上面的四爻都是陽爻，健壯有餘。前趾：前面的腳趾頭。比喻五陽爻。

②往不勝：向前往上，卻不能勝任。指初九居最下位，但憑陽剛之氣，心有餘而力不足。

二九二：惕號①，莫夜有戎②，勿恤。

《象》曰：「有戎，勿恤」，得中道③也。

① 惕號：警惕號叫。惕：一作「錫」，帛書本作「傷」。傷，輕慢。
② 莫夜有戎：晚上有戰事。莫：「暮」的本字。
③ 得中道：指九二以陽爻居中位，守中正之道，不逞強而知戒備，即使夜間有兵戎之事，亦不必憂懼。

直譯

九二爻辭：知道警惕呼喊，即使傍晚或晚間有兵戎戰事，也不必憂慮。

《小象傳》說：所謂「有戎，勿恤」，是由於懂得居中守正的道理呀。

補注

九二爻辭有人斷句作：「惕號莫夜，有戎，勿恤。」是說在暮夜裡也保持著警戒防備，因此即使真的發生戰爭，也不必擔心。對照〈乾卦〉九三爻辭：「君子終日乾乾，夕惕若，厲无咎。」立意相似，也頗可取。

三 九三：壯于頄①，有凶②。君子夬夬獨行③，遇雨若④濡。有慍，无咎。

《象》曰：「君子夬夬……」⑤，終无咎⑥也。

直譯

九三爻辭：健壯在於跨下，有凶險。君子急急獨自快走不回顧，遇到下雨都被沾濕了。有惱怒，卻沒災禍。

《小象傳》說：所謂「君子夬夬」云云，是表示終究沒有災禍呀。

補注

九三爻辭，前人不但斷句不同，以為首句之下，應讀作「君子夬夬，獨行遇雨，若濡有慍，无咎。」而且多以為有錯簡。例如胡瑗《周易口義》以為「君子夬夬」當在「若濡有慍」句之下，程頤《伊川易傳》以為當在「若濡有慍」句之前，朱熹《周易本義》則以為「舊文本義自順」，「看來不必改」。說見《朱

①頄：音「仇」，一作「頯」。歷來學者多解作面頰或顴骨，疑非是。初爻為趾，四爻為臀，屈萬里師因疑當作「奎」，指「跨」而言。一說：頄指上六。

②有凶：是說九三處下卦之極，以剛居陽位，過於剛強果決，而與上文為應，似急於除之，故凶。

③夬夬：果決的樣子。一說：通「躩躩」，疾行、快走的樣子。獨行：五陽爻之中，只有九三與上六相應，有獨行之象。

④若：而。

⑤君子夬夬：九三爻辭的省文。

⑥終无咎：九三因上應上六，得其支援，故无咎。

子語類》卷七十二。

並請參閱「新繹」。

❹九四：臀无膚，其行次且①。牽羊②，悔亡。聞言不信③。

《象》曰：「其行次且」，位不當④也。「聞言不信」，聰⑤不明也。

①无膚：沒有皮肉。是說皮開肉綻。其：指九四。次且：通「趑趄」，前進困難的樣子。

②牽羊：（上卦兌為羊）肉袒和牽羊，都是古代常用的典故。表示願意成為臣僕。一說：牽羊須在其後，羊才前行。

③不信：不實。

④位不當：指九四以陽居陰，不中不正。

⑤聰：聽力。

直譯

九四爻辭：臀部受了傷，像是沒有皮肉；他走起路來躊躇不前。袒露著背，牽著羊來投降，連悔恨都消失不見了。聽到的言論不可靠。

《小象傳》說：所謂「其行次且」，是由於所處位置不適當呀。所謂「聞言不信」，是由於聽不清楚呀。

補注

「牽羊」一詞，頗有歧解：一說羊為吉祥之物，牽羊可以除災解厄；一說羊為抵狠之物，剛亢而難移。王弼《周易注》即據後者指此爻以羊喻九五：「羊者，抵狠難移之物，謂五也。五為〈夬〉主，非下所侵，若牽於五，則可得悔亡而已。」

五 九五：莧陸①夬夬中行②。无咎。

《象》曰：「中行，无咎」，中未光③也。

直譯

九五爻辭：就像細角的山羊，在中正的大道上蹦蹦跳跳，跑得快，不回頭。沒有災禍。

《小象傳》說：所謂「中行，无咎」，是表示中道還沒有發揚光大呀。

① 莧陸：孔穎達解為「草之柔脆者」，歷來學者也都解作一種清脆易折嫩葉可食的植物。一說：莧，音「丸」，一種細角的山羊。陸：通「踛」，跑跳。筆者採後說。

② 中行：中道。指九五居中守正。

③ 中未光：中正之道還沒有發揚。指九五親比上六，尚有私情。

補注

莧陸，據惠棟《周易述》和宋翔鳳《周易考異》說，莧是莞爾而笑，陸即和睦，意思是笑容可親的樣子。李富孫《易經異文釋》亦云：「舊皆謂草之柔脆者，子夏、馬、鄭、王肅、王弼以為一物，宋衷、董遇以為二物。莧、莞，古同字。睦、陸亦以字形相似而亂。」然而許慎《說文解字》云：「莧，山羊細角者。」聞一多《周易義證類纂》更據此而引《莊子・馬蹄篇》司馬注云：「陸，跳也」，以為「莧陸夬夬中行」是「謂羊跳趹趹然於道中也」。屈萬里師採信此說。筆者以為初九「壯于前趾」似以羝羊為喻，故亦採用此說。但若就初九「壯于前趾」、九三「壯于頄」看，筆者也不反對把「莧陸」解作笑容可親，指臉部而言。

六 上六：无號①。終有凶。

《象》曰：「无號」之「凶」②，終不可長③也。

①无號：無從哭喊。指上六雖與九三正應，又與九五親比，但九三、九五都夬夬不顧，因而無從呼號求救。一說：无，勿、不必之意。

②无號之凶：上六爻辭的省文。

③終不可長：是說五陽漸長，一陰最後仍被斷決。

直譯

上六爻辭：無從哭叫求救。終究有凶險。

《小象傳》說：所謂「无號」的凶險，是表示陰柔小人終究不能長久呀。

補注

號，是大聲哭叫，出乎口。如果配合上文人身的取象，可指臉部而言。

新繹

《雜卦傳》說：「〈姤〉，遇也，柔遇剛也；〈夬〉，決也，剛決柔也。」〈姤〉是不期而遇，〈夬〉是決意而去，雖然卦形的符號都是五陽一陰，但因陰陽的差異，爻位的不同，占斷之辭也就隨之而起變化。《繫辭傳》云：「君子居則觀其象而玩其辭，動則觀其變而玩其占。」我們底下就藉〈夬〉、〈姤〉二卦舉例說明之。

我們知道八卦六爻的取象，有的取自自然現象，有的取自社會人倫；有的遠取諸物，有的近取諸身。其中近取諸身的，像上文講過的〈咸卦〉六爻，自下而上，依序是咸其拇、咸其腓、咸其股、朋從爾思、咸其脢、咸其輔頰舌，分別代表人身的大腳趾、小腿肚、大腿、心腹、背部、臉部。同樣的情況，〈艮卦〉六爻，自下而上，依序是艮其趾、艮其腓、艮其限、艮其身、艮其輔、敦艮，分別代表人身的大腳趾、小腿肚、腰部、背部、臉部、頭頂。〈夬卦〉的六爻，初九

「壯于前趾」、九三「壯于頄」、九四「臀无膚」比照上例，取象人身不成問題，但九二「惕號」、九五「莧陸」、上六「无號」相當於人身的什麼部位，則無從確定。

筆者除了對九五、上六就其位居人身的頭臉部位，尚推測其「莧陸」、「无號」的象外之意之外，對於與卦主上六相應的九三「壯于頄」，認為也可以觀象玩辭一番。

通行本「壯于頄」的「頄」，據陸德明《經典釋文》說：鄭（玄）本作「頯」。頯，即面頰。另外蜀才本作「仇」，一作「尻」。王弼《周易注》：「頄，面權也。」朱熹《周易本義》：「頄，顴也。」權、顴都指「頰間骨」。因為《說文解字》未收「頄」字，而頁部卻收有「頯」字：「權也，从頁，𠀁聲。」段玉裁注：「權者，今之顴字。」因此歷來學者都把「頄」解為「頯」，而作「仇」、「尻」者，則因古韻𠀁聲、九聲同部，被認為是同聲相假。

屈萬里師對此始終懷疑。起先在《周易集釋初稿》中這樣說：

頄，《釋文》：「鄭作『頯』，蜀才作『仇』。」按，頄仇並从九得聲，作仇是，言其仇之壯也。

頄，又疑作奎，跨也。初為趾，四為臀，三正有跨象。

後來在《周易批注》中又這樣說：

頄，鄭作頯，蜀才作仇。按，三不宜稱頄，疑未能明。

屈老師的意思是說：按人身取象，初九寫趾，九四寫臀，則九三的「頄」，應指「奎」，即「跨」而言。筆者認為屈老師所言頗有道理。但也覺得有點怪，「跨」就是指腰部以及兩條大腿中間的部位而言，今多稱「胯」，也就是「尻」，肛門周圍的部分。屈老師為什麼不直接說清楚呢？可能是屈老師那一世代的前輩，羞於直接說出人體的隱私部位吧？

至於把「頄」解為「權」、「顴」，即「頯」的古字，指顴骨周圍的面頰部位，我也不反對。因為觀象可以有兩種觀察方法，一是把六爻看成一體，一是把六爻看成上下兩個卦體，各自三爻。像〈夬卦〉下乾上兌，把九三看成居下卦乾之極，以剛居剛，譬之如顴骨，也自有其道理。

四十四、姤卦

解題

姤，即媾、遘，邂逅，不期而遇。此卦與〈夬卦〉是卦形相反的綜卦。〈夬卦〉是有心斷決，〈姤卦〉是不期而遇。都是消息卦之一，〈姤卦〉代表五月。

此卦以初六、九五、九二為主爻，二者皆剛正居中之德，能制陰爻初六之上升。

一、卦形、卦體

䷫巽下乾上

【卦形淺說】

卦體巽下乾上，巽為風、乾為天，風行天下，觸動萬物，有「姤」之象。

又，巽為風，乾為馬，風動馬牛，牝牡相誘，亦有「姤」之象。

二、卦名、卦辭

姤：女壯①，勿用取女②。

直譯

〈姤卦〉象徵女性過於盛壯，不要娶她為妻。

補注

所謂「女壯」，蓋指女子年齒已長。古人二十曰弱，三十曰壯。古代女子年過三十，出嫁即不容易。〈姤卦〉下卦為巽，取象為風為長女，風無定性，長女年齒已長，閱歷必廣，多無純情，喻意即在於此，故曰「勿用取」。這是從反面說。表示即使不期而遇，這樣的壯女，也不是九五主爻所說的「有隕自天」，不是上天掉落下來的禮物。

注釋

① 女壯：此卦一陰五陽，一陰在下，逐漸增長，匹配五陽。陰象女，陽象男，一女周旋於五男之間，故云。

② 取：通「娶」。「取女」一本無「女」字。按，上句「女壯」，則此句「女」字疑為衍字。

（一）彖傳

《彖》曰：「姤」，遇也；柔遇剛也。「勿用取女」，不可與長①也。天地相遇②，品物咸章③也。剛遇中正④，天下大行也。姤之時義大矣哉！

① 不可與長：不能長久相處。

② 天地相遇：陽象天，陰象地，此卦陰長陽消，有天地相遇之象。

③ 品物咸章：各種品類事物都煥發光彩。

④ 剛遇中正：陽剛遇合居中守正的。中正：指九二、九五爻。是說初六上升而與九二、九五正應時。

直譯

《彖傳》說：姤，就是遇合、邂逅呀；應該是陰柔的女性遇合陽剛的男性呀。所謂「勿用取女」，是由於不可能相處長久呀。本來象徵男女的陰陽交合就像天地相遇，應該會使各種品類的萬物都能煥發光彩呀。例如陽剛遇合居中守正，也就是天下萬物大行其道的時候呀。〈姤卦〉所顯示的時宜意義，真是太重要了啊！

補注

這是從正面說明「柔遇剛」，女柔遇合男剛，才能陰陽諧和的道理。它和卦辭「勿用取女」從反面來說「女壯」不宜遇合，正好正反相映。

（二）大象傳

《象》曰：天下有風①，姤。后以施命誥四方②。

①天下有風：此卦上乾為天，下巽為風，故云。

②后：帝王的古稱。可稱帝，亦可稱后。施命：頒布命令。誥：公告，帝王的通告。一說：誥，一作「詰」，止。

直譯

《大象傳》說：天下有和風吹拂大地萬物，無孔不入，這是〈姤卦〉的象徵。帝后取法它，用來發布命令，傳告四方諸侯百姓。

補注

「天下有風」，而風無孔不入，正表示男女的遇合，處處有之。「施命誥四方」，則是表示正因如此，故宜設立禮教，加以規範。

三、爻辭及小象傳

一 初六：繫于金柅①，貞吉。有攸往，見②凶。羸豕孚蹢躅③。

《象》曰：「繫于金柅」，柔道牽④也。

直譯

初六爻辭：就像牽繫在金屬剎車器上不能動一樣，能固守正

①繫：捆綁，牽制。金柅：金屬做成的剎車器物。一說：古代婦女用以織布的繅車，在車輪下裝此可使之停止不動。指九四爻。初六上應九四。
②見：現。
③羸豕：弱小的豬。指初六。此爻為陰為女為民，故有人解為小母豬。孚：浮，浮躁。蹢躅：音「敵燭」，徘徊不前的樣子。
④柔道牽：陰柔之道是牽制。指初六應受九四牽制。

道就吉祥。如果有所作為，就會出現凶兆。那就像瘦小的母豬一樣輕浮，必定徘徊流連。

《小象傳》說：所謂「繫于金柅」，是表示陰柔之道受到陽剛者的限制呀。

補注

初六猶如小母豬尚未壯大，還可牽制，如果能受九四牽制，所謂「柔道牽」，那就如同「繫于金柅，貞吉」。如果沒有牽制，讓牠「有攸往」，那就如同「羸豕孚蹢躅」，必然「見凶」。

---

❷九二：包有魚①，无咎，不利賓②。

《象》曰：「包有魚……」③，義不及賓④也。

①包：通「庖」，廚房。《經典釋文》作「庖」。有魚：魚與熊掌都是古代一般人享受不到的貴重食物。比喻初六不請自來。

②不利賓：不宜於賓見外人。指九二以陽爻居陰位。雖與初六相比，但剛正居中，固守正道，故可无咎。

③包有魚：九二爻辭的省文。

④義不及賓：按道理，不必用來請客。

直譯

九二爻辭：就像廚房裡發現有鮮魚，雖然沒有什麼差錯，但不宜於擅自用來宴請賓客。

《小象傳》說：所謂「包有魚」云云，是表示按照道理，本來就還沒到達用來宴請賓客的程度呀。

補注

「包有魚」的「包」，馬王堆帛書本作「枹」，上博本作「橐」（橐，張大的口袋）。它和九四「包无魚」、九五「以杞包瓜」的「包」，意義應該一樣。「魚」在古書的用法中，則常被引喻為男女之間的欲望。說見「新繹」。

三 九三：臀无膚，其行次且。①厲，无大咎。

《象》曰：「其行次且」，行未牽②也。

直譯

九三爻辭：臀部沒有皮肉了，他走起路來，躊躇不前。凶

① 臀无膚二句：見前〈夬卦〉九四注。膚：指肥美的肉。

② 行未牽：行動還沒有受到牽制。指九三雖以陽居陽，居位得正，但所居非中，又不能上應上九，過於陽剛，居則不安，行則不進，故「厲」而「无大咎」。

險，但沒有大災禍。

《小象傳》說：所謂「其行次且」，是表示活動沒有受到牽制呀。

補注

李簡《學易記》：「居則臀在下，故〈困〉初六言臀；行則臀在中，故〈夬〉、〈姤〉三、四言臀」，藉此說明辭象與爻位的關係，頗有趣味。「居」是指跪坐在席位上，「行」是指起身行走時。初六指足下，三、四爻指身中。

四 九四：包无魚。起，凶①。

《象》曰：「无魚」之「凶」②，遠民③也。

直譯

九四爻辭：就像廚房裡已經沒有鮮魚了。引起爭執，會有凶險。

① 起凶：起則凶。起：興，站立，行動。帛書本「起」作「正」，通「征」，遠行。九四以陽居陰位，位既不正，又雖與初六正應，但初六已承九二。

② 无魚之凶：九四爻辭之省文。

③ 遠民：遠離平民，距離平民太遠。初六為平民。中間已隔九二、九三。

《小象傳》說：所謂「无魚」的凶險，是由於九四遠離了平民呀。

補注

「包无魚」，无，一作「失」。元代胡一桂《周易本義啟蒙翼傳》引郭京之注：「二有其魚，故失之也。」是說九二「包有魚」，至此「失之」也。屈萬里師則云：「庖無魚，言不敬賓。馮諼長歌，即此義也。」

五 九五：以杞包瓜①，含章②；有隕自天③。

《象》曰：九五「含章」，中正④也。「有隕自天」，志不舍，命⑤也。

直譯

九五爻辭：好像用杞樹柔條來包裹瓜果一樣，裡面蘊含精彩；將會有美好的東西，從天上掉落下來。

① 杞：樹名。一種有柔條的大樹。名杞柳，其柔條可包魚肉瓜果。石鼓文：「其魚維何？唯鱮唯鯉。何名橐之，唯楊與柳。」包：《經典釋文》引作「苞」，包裹。一說：蔽護。

② 含章：內有文采。

③ 有隕自天：從天而降。此卦上乾為天，下巽為風，此取象喻意，表示命當如此。隕：落。

④ 中正：居中守正。指九五以陽爻處上卦之中，又陽爻居陽位。

⑤ 命：天命，命中注定。

《小象傳》說：九五爻辭的所謂「含章」，是由於居中守正呀。所謂「有隕自天」，是由於他的心志不會放棄，一切是天意呀。

補注

李光地《周易折中》：「五為卦主，而與陰無比、應，得卦『勿用取女』之義也。」故極言修德回天之道。

六 上九：姤其角①，吝②，无咎。

《象》曰：「姤其角」，上窮③，吝也。

直譯

上九爻辭：邂逅即將進入頂點極端，已無退路了，雖然值得憾恨，但沒有災禍。

《小象傳》說：所謂「姤其角」，是表示上位已到窮極之

①其：將，應該。角：頂端。角指九三、上九。姤：一作「遘」。

②吝无咎：指此爻處上卦之最上爻，已至物極必反之境，故「吝」，但以剛居上，動而得正，故「无咎」。

③上窮：上爻已到頂點窮處。六爻常以初爻象腳趾，以上爻象頭角。

境，沒有退路了，所以值得憾恨呀。

補注

胡炳文《周易本義通釋》：「九三以剛居下卦之上，於初陰无所遇，故雖厲而无大咎；上九以剛居上卦之上，於初陰亦不得其遇，故雖吝而亦无咎。遇，本非正，不遇不是為咎也。」

新繹

〈姤卦〉和〈夬卦〉同是五陽一陰，前者一陰在下，後者一陰在上。它們都是唯一的陰爻，所以都是卦主。前者的卦主是上六，與九三「壯于頄」相應；後者的卦主是初六，與九四「包无魚」相應。它們的占斷之辭，都是「有凶」「終有凶」和「有攸往，見凶」「起凶」一類。〈夬卦〉以九三「壯于頄」為例，說明「觀象玩辭」可以有兩種「玩」法，此卦也擬以與卦主相應的九四「包无魚」為例，說明一個辭語可以有多層意義。

九四本與初六相應，但初六浮躁像「贏豕」，一見九二就徘徊流連，好像有了魚，就會用來宴請他。因此九四以陽爻居陰位，本已失正，而相應的初六，又已私承九二，這就好像自己已經「失魚」「无魚」了。占斷之辭是說，如果因此引起爭執，必有凶險。

筆者這裡要「觀其象而玩其辭」的，是九二「包有魚」、九四「包无魚」、九五「以杞包瓜」三句裡的「包」字，意義是否相同。因為歷來的注家，歧解太多，甚至有用「包」、「庖」

「苞」、「胞」分別來解釋這三句的「包」字的。

筆者終於查到了宋代項安世《周易玩辭》這樣說：「〈姤〉之三爻皆稱包，凡稱包者，皆以陽包陰也。〈蒙〉之『包蒙』，〈泰〉之『包荒』，〈否〉之『包承』、『包羞』、『包桑』，義亦同此。包，古苞苴字，後人加草以別之。」馮椅《厚齋易學》也說：「包，今苞。《易》中並同。或作庖、胞，非。凡陽奄陰，謂之包。」

可見「包」就是「苞苴」，也就是我們今天說的「送禮用的包裹」。而且《易》中稱「包」的辭語，皆指「以陽包陰」。驗諸〈姤卦〉，信然！

不過，馮椅說的「或作庖、胞，非」，則又不盡然。據李富孫《易經異文釋》的考釋，《周禮．庖人》注云：「庖之言苞也，是庖與包通，以包為庖，義較長。」虞翻也說：「或以包為庖廚。」因為送禮用的包裹，裡面的食物例如此卦所說的魚，終究最後是要送入庖廚的。所以王弼的《周易注》、孔穎達的《周易正義》，都解「包」為「庖」。至於包、庖、胞三字可以同義通用，枹、槖二字可以同音通假，驗之《莊子．養生主》的「庖丁」，《經典釋文》引作「胞丁」等等，也都可證明古人在觀象玩辭時，是通古今而觀之，不偏執於一時一義。

四十五、萃卦

解題

萃，原指叢生的草，引申即聚集、聚會。物有聚集，人有聚會，故萃有聚人、聚物二義。古代帝王諸侯常有會聚之事。

本卦以九四、九五為卦主。

一、卦形、卦體

䷬坤下兌上

【卦形淺說】

卦體坤下兌上，坤為地，兌為澤，地上有澤，澤水滋潤土地，草木繁生，有「萃」之象。

就卦德言，坤為順，兌為悅，下柔順而上和悅，亦有「萃」之象。

二、卦名、卦辭

萃：亨①。王假有廟，利見大人②。亨，利貞；用大牲③，吉。利有攸往④。

注釋

①亨：古本卦名下，多無此字。帛書本亦無。

②假：格，至，君王或神靈降臨。有廟：天子祭祀祖先的地方。此指宗廟。有：於。見：同「現」。大人：有地位有才德的大人物。

③大牲：指全牛。此卦下卦坤即牛。用大牲，表示誠敬。

④利有攸往：有利於以上種種作為。上交神靈，下接萬民。

直譯

〈萃卦〉象徵聚集：亨通。君王來到宗廟祭祀，適合出現大人物。祭饗時，宜於固守正道；祭祀祖先用大的牲畜牛來做犧牲祭品，吉祥。宜於前進，有所作為。

補注

大牲，指牛而言。屈萬里師《學易劄記》據《周書．世俘篇》：「用小牲羊、犬、豕于百神水土，于誓社……」，推定「以羊、犬、豕為小牲，是以牛為大牲也。卜辭有小宰，指羊言；後世之大牢，指牛言。」

（一）彖傳

《彖》曰：萃，聚也。順而悅①，剛中而應②，故聚也。「王假有廟」，致孝享③也。「利見大人，亨」④，聚以正⑤也。「用大牲，吉。利有攸往」，順天命也⑥。觀其所聚，而天地萬物之情可見矣。

直譯

《彖傳》說：〈萃卦〉，象徵聚集呀。柔順而又愉悅，剛健中正而又上下相應，所以能夠聚集群眾呀。

所謂「王假有廟」，是為了來表達孝思，祭獻祖先呀。所謂「利見大人，亨」，是表示聚集宗廟，一切都能按照正當的禮儀程序呀。所謂「用大牲，吉。利有攸往」，是表示一切順從上天的旨意呀。觀察他們聚集時的表現，天地萬物的真實情況也就可以明白了。

補注

獻祭用大牲，表示尊重，目的在於通神靈。通神靈的目的，則在於順天命。順天命，合人心，此之謂「亨通」。

①順而悅：此卦坤下兌上，坤為順，兌為悅，故云。
②剛中而應：指九五以陽爻居上卦之中，而又與下卦中正之位的陰爻六二相應。
③致孝享：表達孝敬祭饗之心。致：表示。享：獻。
④一說：核對卦辭，「亨」下脫「利貞」二字。
⑤聚以正：聚集是因為利見大人。大人指九五。九五以陽居陽，得正位。
⑥大牲：牛。順天命：指用大牲來祭祀，可通神靈。

（二）大象傳

《象》曰：澤上於地①，萃。君子以除戎器②，戒不虞③。

①澤上於地：此卦兌上坤下，兌為澤，坤為地，故云。是說澤中的水聚集過多，滿溢地上了，可能發生意外。

②除：清除，修理。戎器：兵器。

③不虞：不測。沒有意料到的災禍。

直譯

《大象傳》說：沼澤中的水位一旦比地面高，就會匯合眾流，雜草叢生，這是〈萃卦〉的象徵。君子取法它，用來修理武器，防備不能預測的意外。

補注

「澤上於地」，水滿到地面上，君子所取法者，應當是體會到人多易亂，財多易爭，又因草澤為盜藪之所，故以「除戎器，戒不虞」為喻。

「除戎器」之「除」字，一作「儲」，一作「慮」。儲者，儲藏兵器，不使民間有之，有備亂防危之意；慮者，慮兵器之有無，即戒備之意。三者義皆相通。

又，王申子《大易緝說》比較〈萃〉、〈臨〉兩卦的《大象傳》，說〈臨卦〉是「澤上有地」，聚澤者池岸，故無隄防之勞；〈萃卦〉是「澤上於地」，聚澤者隄防，故有潰決之憂。也因此「君子觀此象，為治世之防，除治其戎器，以為不虞之戒。」

三、爻辭及小象傳

一 初六：有孚不終①，乃亂乃萃②。若號③，一握為笑④。勿恤，往，无咎。

《象》曰：「乃亂乃萃」，其志亂也。

直譯

初六爻辭：有誠意卻不能有始有終，於是一下子意志動搖了，於是一下子聚集會合了。假若肯哭喊求救，一旦相見握手，即可破涕為笑。

不用憂慮，勇敢前進，沒有災禍。

①有孚不終：有誠意卻不能到達終點。指初六與九四相應，卻為六二、六三兩陰爻所阻，不能有始有終。

②乃：於是。亂：動搖不定。萃：聚合。一說：通「瘁」，病倒。

③若號：如果號哭大叫。指初六如果向九四求援。

④一握為笑：一旦握手相會，即破涕為笑。指九四來救，終與初六相會。一握：一握手，是容易的小事。握：一作「屋」，或作「渥」。

《小象傳》說：所謂「乃亂乃萃」，是表示他的意志動搖不定呀。

補注

「一握為笑」，說法分歧，請參閱「新繹」。

二 六二：引吉①，无咎。孚，乃利用禴②。

《象》曰：「引吉，无咎」，中未變③也。

直譯

六二爻辭：如有援引就吉祥，可以沒有災禍。只要心有誠信，就可以利用比較簡單的禴祭。

《小象傳》說：所謂「引吉，无咎」，是表示居中守正的中正之道，沒有改變呀。

① 引吉：牽引則吉。牽連援引就吉祥。指六二與九五正應，雖被二陰爻包圍，但只要九五援引，即可聚會。一說：六二援引上下二陰與九五聚集。

② 禴：同「礿」。古代一種比較簡單的祭祀。不必用大牲，用飯菜即可。殷代春祭，周代夏祭。

③ 中未變：指六二在下卦中位，陰爻陰位，而九五在上卦中位，陽爻陽位，同樣居中守正，神靈必將降福。

補注

張載《橫渠易說》：「凡言利用禴，皆誠素著白於幽明之際。」

武億《經讀考異》：「『孚乃』作一讀，『利用禴』為一讀。」不知其意何在。「孚乃」之「乃」，似指「乃亂乃萃」而言。

三 六三：萃如嗟如①，无攸利。往，无咎，小吝。

《象》曰：「往，无咎」，上巽②也。

直譯

六三爻辭：像是要相聚的樣子，又像是在感嘆的樣子，猶豫沒有什麼好處。如果前進就沒有災禍，但可能會有小小的惱恨。

《小象傳》說：所謂「往，无咎」，是表示向上前進比較順利呀。

① 萃如：聚集的樣子。嗟如：感嘆的樣子。

② 上巽：向上位就順利。上：指上六。六三不中不正，它的下爻六二已與九五相應，上爻九四亦已與初六相應，它只好上應上六。上六雖屬陰，性柔順，但與六三同屬陰，同性相斥，故與之相應，可謂出於無奈。

補注

馬其昶《重定費氏學》：「六爻唯三、上无應，又俱值窮位，一嗟一咨，求萃不得也，故无攸利。然天命不可不順，四、五為〈萃〉之主，合諸侯而發禁命事；三若比四以萃五，雖位不當小吝，然當萃時，不能自外於會同之盟，故三與初皆曰往无咎。」

四 九四：大吉，无咎。①

《象》曰：「大吉，无咎」，位不當②也。

直譯

九四爻辭：大大吉利時，就沒有災禍。

《小象傳》說：所謂「大吉，无咎」，是表示九四爻所處位置並不適當呀。

① 大吉无咎：大吉則無咎。大吉：指九四不中不正，但因上鄰剛健中正的君位九五，下與〈坤卦〉柔順的三陰爻相親，因此無往不利。

② 位不當：指九四以陽爻而居陰位，居位不正，如果一切大吉時，可以无咎，否則難說。

補注

項安世《周易玩辭》：「無尊位而得眾心，故必大吉而後可以无咎。」

五 九五：萃有位①，无咎。匪孚②，元永貞③，悔亡。

《象》曰：「萃有位……」④，志未光⑤也。

直譯

九五爻辭：聚合群眾，有尊貴的地位，當時沒有災禍。但如果不能得到群眾信任，（元首）就要用最為長久貞固的正道來感化臣下，悔恨的事才會消失。

《小象傳》說：所謂「萃有位」云云，是表示（九五君王的）意志還沒有發揚光大呀。

① 萃有位：指九五居君位，當然尊貴，有號令天下的權力。

② 匪孚：不夠誠信，沒有得到大眾信任。匪：不。

③ 元永貞：最為長久貞固的正道。一說：元，首長。

④ 萃有位：九五爻辭的省文。

⑤ 志未光：意志尚不明白。指九五親比上六，尚有私情。

補注

王弼《周易注》云：「夫脩仁守正，久必悔消，故曰元永貞，悔亡。」修仁守正，所謂君之德也。程頤《伊川易傳》：「元，首也，長也，為君德首出庶物。君長群生，有尊大之義焉，有主統之義焉，而又恆久貞固，則通於神明，光於四海，無思不服矣。」

六 上六：齎咨涕洟①。无咎。

《象》曰：「齎咨涕洟」，未安上②也。

直譯

上六爻辭：伴著嗟嗟咨咨的嘆息聲，涕淚俱下。沒有災禍。

《小象傳》說：所謂「齎咨涕洟」，是表示還沒有安於上位呀。

①齎咨涕洟：嘆息涕泣、聲淚俱下的樣子。齎咨：悲怨嘆息的聲音。涕洟：淚水，鼻涕。指上六陰柔，又居〈萃卦〉之終，無人追隨，孤立無援，因而嘆息涕泣。

②未安上：是說還不能安於上位。指上六雖然高高在上，卻孤立無援，因而不能安心。雖然如此，但還不至於眾叛親離，因此「无咎」。

補注

既然會因孤立無援而痛哭流涕，必然會改弦易轍，誠信待人。所謂「悔以往之不諫，知來者之可追」。如此，自然可以「无咎」。

新繹

通行本初六「若號，一握為笑」，「握」字上博本作「斛」，馬王堆帛書本作「屋」。據陸德明《經典釋文》所引，漢儒舊本除作「屋」外，亦有作「渥」者。

李富孫《易經異文釋》云：「漢人多同音通借字。諸家相傳，各守師承，故文義往往不同。」然則「握」、「斛」、「屋」、「渥」等字，皆可視為同音通借矣。

我們先看看通行本的解釋。王弼《周易注》云：「一握者，小之貌也；為笑者，懦劣之貌也。」孔穎達《周易正義》云：「一握者，小之貌也。自比一握之間，言至小也；為笑者，非嚴峻之容，言懦劣也。己為正配，三以近寵，若自號，比於一握之小，執其謙退之容，不與物爭，則不憂於三，必得合而无咎矣。」朱熹《周易本義》說得更明白：「初六上應九四，而隔於二陰，當萃之時，不能自守，是有孚而不終，志亂而妄聚也。若呼號正應，則眾以為笑；但勿恤而往從正應，則无咎矣。」這些通行本顯然都採用「一握為笑」的本子，而且以為只要初六肯向九四求救，見面一握手，即可化解一切疑難，破涕為笑。這樣說來，確實是「小事」。而且這樣講，也合乎卦爻辭的內容義理。

不過，因為陸德明《經典釋文》曾說：「鄭（玄）云：握，當讀為『夫三為屋』之屋」，因此，有人力求另作新解，認為「一握為笑」應當作「一屋為笑」才對。像郭階《周易漢讀考》就認為「握」當作「屋」，而且把該句譯為「一屋之人皆以為笑」。這顯然是誤解了鄭玄講「握」正確讀音的本意。他講的是讀音，不是「握」當作「屋」。

恰巧也恰好不巧的是：〈萃卦〉的卦辭有「王假有廟」、「用大牲吉」之言，與祭禮有關。而鄭玄所謂「握，當讀為『夫三為屋』之屋」那句話的「夫三為屋」，係出自《周禮．地官．小司徒》，因此有人就牽強附會在一起了。其實它們本來是不相干的。

同樣恰巧的是：「握」、「屋」二字在先秦是同一個字。許慎《說文解字》尸部屋字：「臺，古文屋。」又，手部握字：「臺，古文握。」對照即知，不待辯明。因此馬王堆帛書本「握」作「屋」，一點也不奇怪。它們本來就是一個同源字。只是讀者不宜認定「一握」當作「一屋」，而把「一屋為笑」曲解為「一屋之人皆以為笑」。

筆者以為真正堪稱為「新解」的，是聞一多在《周易義證類纂》裡所提出的看法。他說：「案，《說文》曰：呃，喔也。」然後引用《楚辭．九思．憫上》、《楚辭．卜居》、《韓詩外傳》的注解：「嗌喔，容媚之聲」、「喔咿，強笑噱也」等等為證，並且這樣下結論：「一握，與呃喔、嗌喔、咿喔同。號，謂號咷，哭也。『若號，一握為笑』，謂初似號哭，忽變而為笑。」雖然結論與傳統通行本的說法大致相同，但推論的依據和方法卻是新穎的。

四十六、升卦

解題

升，即提升、上進。升，一作「昇」。帛書本「升」作「登」，有攀升之意。

〈升卦〉和〈萃卦〉是形象相反的綜卦。二者都是四陰二陽，而與坤體合體。萃是由少而多，升是由下而上，〈萃卦〉是消極的結合，〈升卦〉則是積極的作為。二者相反相成。

此卦以六五為主爻，初六為木之根，乃下卦之主。

一、卦形、卦體

䷭巽下坤上

【卦形淺說】

卦體巽下坤上，巽為木，坤為地，地中生木，木由地而向上生長，有升之象。

就卦德言，坤為順，巽為遜，君子的修業進德，若能順而謙遜，必能不斷提升。

二、卦名、卦辭

升：元亨①。用見大人②，勿恤。南征，吉。③

直譯

〈升卦〉象徵提升上進：大大亨通。藉此晉見大人物，不要憂慮。向南方前進，吉祥。

補注

「用見大人」，一作「利見大人」，其實二者意義並不相同。請參閱「新繹」。

（一）彖傳

《彖》曰：柔以時升①，巽而順，剛中而應②，是以大亨③。

「用見大人，勿恤」，有慶也。「南征，吉」，志行④也。

注釋

① 元亨：大亨。

② 用見大人：帛書本「用」作「利」。

③ 南征吉：往南方前進就吉祥。南方屬〈離卦〉，離為明。南征即走向光明。就八卦圖看，南征即向上前進。

① 柔以時升：柔，指巽、坤二體皆陰卦，卦性柔弱。柔弱者宜順，著時機上升前進。

② 巽而順：此以上下二體解釋卦義，坤順巽遜。剛中

直譯

《彖傳》說：柔弱者能順應時勢提升上進，謙遜而又溫和，陽剛者居中守正而又上下陰陽相應，因此卦辭說大大亨通。所謂「用見大人，勿恤」，是表示有喜慶之事呀。所謂「南征，吉」，是表示意向可以施展呀。

補注

程頤以為「大亨」與「元亨」有別，《伊川易傳》有云：「諸卦具元亨利貞，則《彖》皆釋為大亨，恐疑與〈乾〉、〈坤〉同也；不兼利貞，則釋為元亨，盡元義也。元有大善之義。有元亨者四卦，〈大有〉、〈蠱〉、〈升〉、〈鼎〉也，唯〈升〉之《彖》誤隨他卦作大亨。」

（二）大象傳

《象》曰：地中生木①，升。君子以順德②，積小以高大③。

而應：指九二爻以陽爻居下卦之中，而又上應六五。

③大亨：此以大亨釋元亨。二者稍有不同。

④志行：志向得以施展。

①地中生木：此卦坤上巽下，坤為地，巽為木，故云。

②順德：順應德行。順應時機時勢。德：本性，特質。順，一作「慎」。德，一作「得」。慎得，有守成之意。

③積小以高大：一本作「以成高大」。

直譯

《大象傳》說：土地中長出樹木來，日見茁壯，這是〈升卦〉的象徵。君子效法樹木的日見茁壯，來順應德行，不斷累積微小而逐漸成就崇高偉大的志業。

補注

程頤《伊川易傳》云：「善不積不足以成名，學業之充實，道德之崇高，皆由積累而至。」

三、爻辭及小象傳

一 初六：允升①。大吉。

《象》曰：「允升，大吉」，上合志②也。

直譯

初六爻辭：信從在上位的（陽剛者）就必定提升。大大吉利。

① 允升：信從則升。允：誠信，信從，有「必當」的意思。一說：允，有高、大之意。

② 上：指九二、九三兩個陽爻。合志：志向相同。初六以陰爻而居卑位，與上無應，本不得升，但因上承九二、九三，柔順依附，故確定必升。

同上進的志向呀。

《小象傳》說：所謂「允升，大吉」，是由於在上位者有相同上進的志向呀。

補注

李光地《周易折中》引何楷之說：「初六巽主居下，猶木之根也，而得地氣而滋之，其升也，允矣。所以為升者，巽也；所以為巽者，初也。大吉，孰如之？」

二 九二：孚，乃利用禴。①无咎。

《象》曰：九二之「孚」②，有喜③也。

直譯

九二爻辭：只要有誠信，就可以利用比較簡省的禴禮來祭祀。沒有災禍。

《小象傳》：九二爻辭所謂的誠信，是表示有喜慶之事呀。

①乃利用禴：就可以用簡省的禴禮來祭祀祖先。熹平石經無「用」字。

②九二之孚：九二爻辭的省文。

③有喜：有喜慶之事。指九二以陽爻而居陰位，象有才德而謙遜，因此上與六五相應時，必得寵信。

補注

「孚，乃利用禴」，參閱〈萃卦〉六二爻辭。

三 九三：升虛邑①。

《象》曰：「升虛邑」，无所疑②也。

直譯

九三爻辭：就像向上攻入沒有防備的空城一樣，暢通無阻。

《小象傳》說：所謂「升虛邑」，是表示提升上進，毫無疑問呀。

補注

周朝早期城邑大都建於高丘之上，有人以為此「虛邑」，即指建於高丘之上的城邑。〈同人卦〉九三爻辭「伏戎于莽，升其高陵」，可以移此作注。一說：虛即墟，墟落，故居。

①虛邑：空城。指沒有防備的城邑。〈坤卦〉三爻都是中虛的形狀。九三以陽爻居正位，又與上六相應，因此上進時，如入無人之境。

②无所疑：毫無疑問。指九三上升時，所遇皆為陰爻，陰陽相遇，必合無疑。

四 六四：王用亨于岐山①。吉，无咎。

《象》曰：「王用亨于岐山」，順事②也。

①王用亨于岐山：已見〈隨卦〉上六爻辭。唯「岐山」作「西山」。岐山在周京西方，故稱西山。

②順事：審慎祭祀之事。順：慎。事：祭祀之事。一說：以柔順來侍奉在上位者。指六四以陰爻居陰位，下乘九三陽剛，上比六五尊位，以柔居坤，一切順時順勢。

直譯

六四爻辭：周王因此祭饗天帝在西方的岐山之上。吉祥，沒有災禍。

《小象傳》說：所謂「王用亨于岐山」，是表示能柔順侍奉、謹慎祭祀呀。

補注

古今學者雖然都認為此爻旨在說明應當柔順侍奉上位者，但對「王」的喻象，說法則有不同。孔穎達《周易正義》認為是「事同文王岐山之會」；馬其昶《重定費氏學》則認為是用殷王帝乙與西伯王季會于西山的典故；尚秉和《尚氏學》更明指王為殷紂，「王用亨于岐山」，乃體現周文王服事殷紂之本旨。

五 六五：貞吉，升階。①

《象》曰：「貞吉，升階」，大得志②也。

直譯

六五爻辭：固守正道就吉祥，就像登階上堂一樣。

《小象傳》說：所謂「貞吉，升階」，是表示大大得意，已經登上尊位呀。

補注

《周易折中》引熊良輔之說：「以順而升，如歷階然。」又：「不取君象，但為臣位之極者，與〈晉〉、〈漸〉之五同也。」

六 上六：冥升①，利于不息②之貞。

《象》曰：「冥升」在上③，消，不富④也。

①貞吉：貞則吉。升階：帛書本「升」作「登」。登上台階，即登堂，步步高升的意思。指六五登上君位。

②大得志：大大得意。可以大展鴻圖的意思。指六五以陰柔居中，雖得尊位，但能下應陽剛之九二，就像明君之任用賢才，可以成就大事。

①冥升：不明不白的高升。冥：形容飛得高。一說：盲昧不明的上升。帛書本「升」作「登」。

直譯

上六爻辭：不明不白的提升，只適合於自強不息的固守正道者。

《小象傳》說：不明不白的提升，就像已經在有退無進的最高位置上，以後只會逐漸消滅，不會再增進加多了呀。

補注

王弼《周易注》把「不息」解為「進而不息」，所以說：「施於不息之正則可，用於為物之主則喪矣。」

新繹

通行本卦辭「用見大人，勿恤」一句，據陸德明《經典釋文》說「用」字「本或作利」。因為「利見大人」在《周易》中是常用詞，而「用見大人」則僅此一見，所以很多人都以「利見大人」來作解，甚至逕自改「用」為「利」。實則二者意義並不相同。不但相傳孔子所作《彖傳》引作「用見大人」，而且據李鼎祚《周易集解》所引虞翻的注解，也早已如此。可見其來有

② 不息：自強永不停止。一說：不再成長。
③ 在上：已在最上面。指上六以陰爻居〈升卦〉之終，有如處於凶險之地。
④ 消，不富：只會消滅，不會再增長了。表示已到有退無進的極點。因而只利於不息之貞。

自，不可不辨。

先引明代章璜《圖書編》有關的一段話：

〈夬〉〈姤〉之後，繼以〈萃〉〈升〉。〈夬〉〈姤〉二卦，〈兑〉〈巽〉與〈乾〉合體；〈萃〉〈升〉，〈兑〉〈巽〉與〈坤〉合體。聖人于五陽一陰，且儆戒極其諄切，而與〈坤〉合體，則四陰二陽，聖人得無意哉？觀卦辭，一則曰「利見大人」，一則曰「用見大人」，《彖傳》則皆曰「剛中而應」。夫〈萃〉之剛中，本在乎上，而為眾所萃；〈升〉之剛中則在乎下，而勢亦必升。故〈萃〉以五為大人，〈升〉以二為大人。大人在上而眾心樂樂，故曰「利見大人」；在下而上進，則非柔君所欲，乃曰「用見」而「勿恤」焉。可見剛中之大人一也，特因在上、在下而有「利見」、「用見」之分，要皆聖人重陽之微意也。

這一段話中，值得注意的是：〈萃〉以九五為大人、〈升〉以九二為大人。〈萃〉之九五居尊貴之君位，「大人在上而眾心樂樂」，故稱之為「利見大人」；〈升〉之九二，以陽剛而居陰位，象有才德而能謙遜，必須力求上進，又善用時機，方能為柔君六五所用，故稱之為「用見大人」。

可見「利見」、「用見」是有分別的，不可混為一談。

四十七、困卦

解題

困，即受困、窮阨。孔穎達《周易正義》云：「困者，窮厄、委頓之名。道窮力竭，不能自濟，故名為困。」窮而不能自濟，是「困」的本義。

此卦以九二、九五為主爻。

一、卦形、卦體

䷮坎下兌上

【卦形淺說】

卦體坎下兌上，坎為水，兌為澤，水在澤下，有乾涸之虞，是困之象。

就卦性而言，坎為險，兌為悅，內險而外悅，處險而悅，有困蒙之虞，是不能自濟之象。

二、卦名、卦辭

困：亨。貞，大人①吉，无咎。有言不信②。

直譯

〈困卦〉象徵受困：一樣可以亨通。只要固守正道，大人物仍然吉祥，沒有災禍。此時無論有什麼言論，也不能得到信任。

補注

孔穎達《周易正義》云：「處困而能自通，必是履正體大之人。」九二、九五皆以陽剛處中守正，俱有「大人」之象。

（一）彖傳

《彖》曰：困，剛揜①也。險以說②，困而不失其所「亨」③，其唯君子乎？「貞，大人吉」，以剛中④也。「有言不信」，尚口乃窮⑤也。

注釋

①大人：指九二、九五而言。

②有言不信：有言論也不得信於人。是說人在困窮時，多說無益，不如沉默。

①剛揜：陽剛被掩蔽了。指坎為陽卦在下，兌為陰卦卻反而在上。又，九二陽爻為初六、六三陰爻所掩；九四、九五陽爻又為上六所掩。揜：一作「掩」，同聲相假。

直譯

《彖傳》說：象徵受困，是說陽剛被掩蔽遮住了。雖遇艱險卻能和悅面對，雖然受困卻能不失去他亨通時的心境，大概只有君子才辦得到吧？

所謂「貞，大人吉」，是因為都能剛正堅守中道呀。所謂「有言不信」，是表示太注重口辯，就會遭遇困阨呀。

補注

「困而不失其所亨」，一本無「亨」字，見《後漢書．郎顗傳》。「困而不失其所」，即「亨通」之義，故可不加「亨」字。

孔穎達《周易正義》：「處困求通，在於修德，非用言以免困，徒尚口說，更致困窮。」

（二）大象傳

《象》曰：澤无水①，困。君子以致命遂志②。

②險以說：下卦坎為險，上卦兌為悅，故云。說：同「悅」。

③其所亨：卦辭中所謂君子的亨通。

④以剛中：因為陽剛者都居中守正。指九二、九五二爻。

⑤尚口乃窮：注重言論就會遭受困窮。

①澤无水：此卦兌上坎下，兌為澤，坎為水，水在澤下，故云。

②致命遂志：奉獻性命，完成志願。捨生取義的意思。致命：委命，授命。

直譯

《大象傳》說：大澤中竟然沒有水了，這是〈困卦〉的象徵。君子取法它，可以獻出性命來完成心中的志願。

補注

澤中無水，君子卻可取法以致命遂志，這是闡述卦辭中因「困」而「亨」的道理。疾風知勁草，板蕩識忠貞，這也是《象傳》中「貞，大人吉，以剛中也」所要說明的象徵意義。來知德《來氏易注》：「患難之來，論是非不論利害，論輕重不論死生。殺身成仁，舍生取義，幸而此身存，則名固在；不幸而此身死，則名亦不朽，豈不身困而志亨乎？」

請參閱本卦「新繹」。

三、爻辭及小象傳

一 初六：臀困于株木①；入于幽谷，三歲不覿②。

《象》曰：「入于幽谷」，幽，不明也。

①臀困于株木：株木，樹木的根部。一說：無枝葉之木。指初六受困，處於卑位，雖與九四正應，但九四以陽爻居陰位，本身不正，加上九二比鄰，陰陽相近，可以互相吸引，因此初六心中不安，只好深藏。

②三歲不覿：多年不見。覿：睹，見。帛書本此句後有「凶」字。

直譯

初六爻辭：就像臀部坐臥的地方，受困在株林之間；又像進入了幽暗的深谷之中，三幾年不曾相見。

《小象傳》說，所謂「入于幽谷」，是表示所處環境幽暗，看不清楚呀。

補注

「臀困于株林」，比喻居處難安。人的身體行時腳趾在下，坐時臀部在下。此指坐困之象。

許慎《說文解字》未收「覿」字，但有「儥」字，其意為「見」。段《注》：「儥訓見，即今之覿字也。」

二 九二：困于酒食①。朱紱方來②，利用享祀。征凶，无咎。

《象》曰：「困于酒食」，中有慶③也。

① 困于酒食：為酒食所困。一說是說酒食過於豐盛。一說：酒食不足。

② 朱紱方來：大紅色的蔽膝，正好出現眼前。朱紱：古代帝王的禮服佩飾之一，形容高官厚爵。紱：一作「韍」，通用。

直譯

九二爻辭：就像受困在豐盛的酒菜筵席之間。大紅色的蔽膝剛剛來到，此時適合利用祭祀鬼神來表現。如果急於前進，可能遭遇凶險，但是不會有災禍。

《小象傳》說：所謂「困于酒食」，是表示堅守中道，自有喜慶呀。

補注

朱紱是天子所服。紱，亦作「韍」或「市」。許慎《說文解字》市部：「市，韍也。上古衣蔽前而已，市以象之。天子朱市，諸侯赤市，大夫蔥衡。」可見朱紱代表天子，赤紱代表諸侯（或王公）。

又，《易乾鑿度》云：「天子、三公、九卿，朱紱；諸侯赤紱。朱紱者，賜大夫之服也。」可見朱紱也是天子賜給大夫的服飾之一。

③中有慶：指九二居下卦之中，雖以陽爻而居陰位，但因陽剛足以處困，能守中道，又與九五相應，故擁有福慶。

三 六三：困于石①，據于蒺藜②，入于其宮，不見其妻③。凶。

《象》曰：「據于蒺藜」，乘剛④也。「入于其宮，不見其妻」，不祥⑤也。

直譯

六三爻辭：就像受困在山谷亂石間，憑靠攀住有刺的蒺藜，回到自己家中，卻沒有見到自己的妻子。凶險。

《小象傳》說：所謂「據于蒺藜」，是由於陰柔六三凌駕陽剛九二之上的緣故呀。所謂「入于其宮，不見其妻」，是不吉祥的預兆呀。

補注

《繫辭傳》下篇所引孔子之語，釋此爻之義云：「非所困而困焉，名必辱；非所據而據焉，身必危。既辱且危，死期將至，妻其可得見耶？」

①困于石：受困於大山石。指六三欲上附九四，但九四已納初六。

②據于蒺藜：據，依、捉住。蒺藜，一稱茨草，一種有刺的植物。指六三欲下依九二，但位在九二之上，有乘剛之實。

③宮：室。先秦宮室不分。指家中室內。不見其妻：指六三與上六同為陰爻，不能相應，無所匹配。

④乘剛：剛，指陽爻。此指九二。乘，《易經》中爻位，對下爻曰乘，對上爻曰承，相鄰曰對。

⑤不祥：不吉利的預兆。

四 九四：來徐徐①，困于金車②。吝，有終。

《象》曰：「來徐徐」，志在下③也。雖不當位，有與也。④

直譯

九四爻辭：來的時候猶疑緩慢，受困在金光閃閃的華麗車輛間。雖然不順利，但還是有好的結局。

《小象傳》說：所謂「來徐徐」，是表示整個心意都在下位那邊呀。雖然不在適當位置上，但畢竟有同道相助呀。

補注

俞琰《周易集說》：「六爻，二、五皆剛，三、上皆柔，惟初與四剛柔相應，故特以『有與』言之。」

①徐徐：緩慢而有疑懼的樣子。指九四本與初六相應，但為九二所隔，故徐徐而來。

②金車：用金屬裝飾的車子。借指權貴。九二以陽爻居中，中央色黃，故以金車作比喻。車：一作「輿」。

③志在下：心意全在於下位者。指九四志在下應初六。

④雖不當位二句：雖不在適當位置上，但仍然有同道相應。指九四以陽爻而居陰位，雖失位不正，但因陽剛又知謙遜，初六又歸向於己，故最終有好結果。有與：有相助者，即同道。一說：有與，指九五。

五 九五：劓、刖①，困于赤紱②；乃徐，有說，③利用祭④祀。

《象》曰：「劓、刖」⑤，志未得也。「乃徐有說」，以中直⑥也。「利用祭祀」，受福也。

①劓刖：割去鼻子，砍斷小腿。這是古代重刑中比較小的。劓刖，一作「倪伔」或「臲卼」，不安之意，下同。

②困于赤紱：受困在紅色蔽膝的高貴權力之中。赤紱：諸侯所服。此說求好心切，加以嚴罰峻刑，並不能徹底解決問題。

③乃徐有說：應該慢慢勸導，才會樂於接受。一說：說，同「脫」，解脫。

④祭：一作「享」。下同。

⑤劓刖：爻辭「劓刖困于赤紱」的省文。

⑥以中直：用中庸正直之道。

直譯

九五爻辭：動用五刑，像割去鼻子，砍斷小腿之類，會受困在諸侯大紅蔽膝所象徵的權力之中；應該是慢慢的勸導，才會樂於接受，解脫困境。應該多多利用祭祀活動（用孝道來感化）。

《小象傳》說：所謂「劓、刖」云云，是表示動用嚴刑的目的沒有達成呀。所謂「乃徐有說」，是由於能用中庸正直的方法呀。所謂「利用祭祀」，是希望藉此得到祖先鬼神的福祐呀。

補注

九二說的是「朱紱」、「亨祀」，此卦說的是「赤紱」、「祭祀」，官位不同，服色禮儀因而也有差異。

程頤《伊川易傳》云：「二云享祀，五云祭祀，大意則宜用至誠，乃受福也。祭與祀、享，泛言之，則可通；分而言之，祭天神，祀地示，享人神。五，君位，言祭；二在下，言享。各以其所當用也。」

六 上六：困于葛藟①，于臲卼，曰動悔。②有悔，征吉。

《象》曰：「困于葛藟」，未當③也。「動悔」、「有悔」，吉行④也。

直譯

上六爻辭：受困在葛藟的纏繞之中，受困在動蕩不安之中，意思是說：一有行動，就會悔恨。不過有了悔恨就要改進，這樣才可以脫困得平安。

《小象傳》說：所謂「困于葛藟」，是由於所在位置不夠穩

①困于葛藟：指上六以陰爻而居〈困卦〉之極，下又乘剛，為九五陽所迫。葛藟：蔓延纏繞的草類。比喻帝王的宗族親屬關係複雜。

②臲卼：音「鎳兀」，危險不安的樣子。動悔：動則悔。

③未當：所在位置不適當。指上六居〈困卦〉之極，又乘九五陽爻。

④吉行：吉利的行為。解釋爻辭的「有悔，征吉」，表示在困窮時，勇於前進，有所作為，才可得吉利。

當呀。所謂「動悔」、「有悔」，是「行則吉」，肯實踐才是吉利的行為呀。

補注

有人主張「動悔」、「有悔」應該連讀，意思是動輒後悔就要趕快改進，但也有人把它講成：動輒得咎，悔了又悔。這是把「有悔」解為「又悔」。前者沒問題，後者有商榷餘地。

新繹

「困」是「窮而不能自濟」，〈困卦〉的六爻，用了很多形象化的語言來象徵。初六是「臀困于株木，入于幽谷」，九二是「困于酒食，朱紱方來」，六三是「困于石，據于蒺藜，入于其宮，不見其妻」，九四是「困于金車」，九五是「困于赤紱」，上六是「困于葛藟，于臲卼」。困窮和通達相對，常指政治人事而言，所以這些形象化的語言，也與《周易》政治的取象有關。筆者在《周易新繹．通論編》曾經說過，漢儒（像京房）曾以六爻的位次配合政治地位的高低，認為：初爻為元士，二爻為大夫，三爻、四爻為王公、諸侯，五爻為天子，上爻為宗廟或太皇太后。這些說法即可用在此卦的六爻之上。

初六「臀困于株木」的臀，在人體的取象上，是中間的部位，平常最底下的部位是腳趾，但在政治的取象上，臀卻是最底下的部位。因為政治的場合，通常是在廟堂之上、筵席之間，賓主都是席地而坐的。如今初六雖與九四相應，但九四以陽居陰位，失正，因而初六困處於「無枝葉」之株木下，進無所得，居無所安，又因為是陰爻，屬性柔弱，不能自濟，於是只好退出政治舞台，進入幽谷之中當隱士。結果當然是凶。

九二是陽爻，居大夫之位，自當居中守正。平時忙於應酬，「困于酒食」，但一旦機會來了，就要好好把握。例如參加祭祀大典時，穿著朱紱的天子來到，陽剛的大夫就會利用這個機會好好表現。二五相應，《繫辭傳》說：「二多譽」，說不定就賜他朱紱，從此受到天子的賞識、提拔。即使表現過了頭，也不會有什麼災禍可言。

三爻通常代表王公，六三是陰爻，屬於柔弱的一型。《繫辭傳》說：「三與五同功而異位，三多凶，五多功」。如今六三想要上附九四，但九四已應初六，有如堅石牢固難入；想要下依九二，但自己乘凌其上，有如蒺藜多刺難依。所謂前進不得，後退亦不得，真是進退兩難。這時候想回老家見老妻，尋求安慰。所謂「入于其宮」，指的是三爻與上爻對應的關係。但六三與上六都是陰爻，不能相應，所以說是「不見其妻」。六三因為過於柔弱，不但困非其所，據非其地，而且外則失位，內則無應，因而不能自濟其窮。

四爻通常指諸侯而言，九四是陽爻居陰位。九四本來下應初六，正好剛柔相應，陰陽相應，但因九二居中依仗金輿朱紱強勢作梗，所以九四只得徐徐而行。這就好像原本位居屬下而得勢的大夫「挾天子以令諸侯」，諸侯只好謙遜以對。王弼注：「徐徐者，疑懼之辭也。」就因為九四對九二心有疑懼，不能自濟，所以說是「困于金車」，令人不無遺憾。但也因為九四畢竟是陽爻，意志比較堅定，又肯陽居陰位，能量力而為，所以最終仍能與初六配為夫妻。

九五是陽爻，居至尊之位。貴為天子，位高權大，如果個性又過於剛強，一樣會遇到困境。例如以刑罰治國，動輒用劓刑、刖刑來對待臣下，這樣的天子會眾叛親離，被四方諸侯所唾棄。所以不可過於柔弱，也不可過於剛強。最好是和緩舒徐一些，這樣才容易脫離困境。例如天子可以藉祭祀天地鬼神的禮儀規範，用來教化百姓，如此則可長保社稷，得天之佑。《左傳》襄公二十五、六年記載衛獻公與王侯寧喜的政權之爭，就是很好的例證。

上六在九五之上，代表已經退位的太皇太后和帝王的宗族親長。他們名高位尊，卻無實權。他們通常和眾多的皇親國戚都有來往，關係非常複雜，有如葛藟藤蔓一般糾纏不清，稍不留意，就會陷入隉杌不安的困境之中。最好的辦法是，一旦發現有問題，就要立即悔悟，而且真能有悔有改，付諸行動，如此即可化凶為吉。

以上六爻，分別用不同的形象化語言，描寫各自不同的困境。其中初六、六三都因過於柔弱而不能自濟其窮，而九二、九四、九五三個陽爻，都因能居中守正或因能剛柔並濟而脫離困境。至於上六之及早悔悟即可解困獲吉，更能體現《周易》困極必通的道理。令人得其「象外之旨」、言外之意。

四十八、井卦

解題

井，指水井。古代的水井是地穴泉脈出水的地方。井的周圍，設有木欄，以便汲水。汲水時通常用繩索繫著吊桶或瓶甕進入井中，再拉上來。水是生活必需品，潔淨可以養人，因此有井水處，也就是古人的聚居之處和交易場所。也因此有「市井」一詞。

〈井卦〉和〈困卦〉是綜卦，卦形完全相反。「困乎上者必反下」，正好一反一正。此卦以九五為主爻，取養民之義。

一、卦形、卦體

☵☴ 巽下坎上

【卦形淺說】

卦體坎上巽下，坎為水，巽為木，木入水中，又，坎為水，巽為入，水入地下，皆有井之象。

二、卦名、卦辭

井：改邑不改井。无喪无得①，往來井井②。汔③至，亦未繘④井，羸⑤其瓶。凶。

注釋

①无喪无得：沒有得失增減。是說井水汲之不盡，存之不盈。一說：井水永遠潔淨不變。

②往來井井：來來往往，汲取井水，上井字作動詞用，汲水的意思。此句承上文「改邑不改井」言。

③汔：音「氣」，幾乎，接近。

④繘：音「橘」，汲水用的繩子。這裡當動詞用。

⑤羸：一作「纍」，損壞，倒翻。

直譯

〈井卦〉象徵水井：可以遷移城邑，不能遷移水井。井水不會無故消滅，也不會突然滿盈，因此人往人來，都來汲取井水過日常生活。

汲水時快到井欄邊了，也或許還沒有把汲水用的繩子放入井中，就折損了那汲水用的水桶瓶甕。這是凶險的預兆。

補注

有人對照卦辭和《彖傳》，以為卦辭「汔至」以下，當斷句為：「汔至亦未繘，井羸其瓶」，《彖傳》當作「汔至亦未繘，未有功也。井羸其瓶，是以凶也。」這種「井」字屬下讀的讀法，似乎是以井象九二，而以瓶象初六；初六想要上應九五，但已為九二所拘羸，因而占其預兆為凶。

（二）彖傳

《彖》曰：巽乎水①而上水，井。井養而不窮②也。「改邑不改井」，乃以剛中③也。「汔至，亦未繘井」，未有功也。「羸其瓶」，是以凶也。

①巽乎水：木頭繩索進入水中。巽，為木為繩為入，故云。也因此有人認為此「水」當作「木」。

②井養而不窮：井水都有泉脈，可以取之不竭，故足以養人。

③剛中：九二、九五以陽爻而分居上、下卦之中。比喻井能定居其所，也由於位置適中。

直譯

《彖傳》說：（瓶甕或木桶）進入水中而又汲上水來，這是〈井卦〉的象徵。井以水供養人們而且取用不盡呀。所謂「改邑不改井」，是由於陽剛中正呀。

所謂「汔至，亦未繘井」，是表示還沒有實際的功效呀。所謂「羸其瓶」，是說明最後結果成為凶兆的原因呀。

補注

翟均廉《周易章句證異》、王樹枏《費氏古易訂文》等，都據卦辭及古本，認為「乃以剛中也」下，脫漏「无喪無得，往來井井」二句。但馬國翰《目耕帖》則認為：「《彖傳》不盡釋卦辭者，他卦亦有之。且井養二字內已含得二句之義，何必定要添補？」

（二）大象傳

《象》曰：木上有水①，井。君子以勞民勸相②。

①木上有水：此卦巽下坎上，巽為木，坎為水，水在木上，故云。

②勞民勸相：帶動人民，勸導他們互相幫助。

直譯

《大象傳》說：木頭上有水汲上來，這是〈井卦〉的象徵。君子取法它，慰勞人民時，勸導他們同濟互助。

補注

木上有水，可指用木製的水桶入井汲水，也可指用木製的水車取水，總之，以水養人的工作是辛勞的，所以君子取法這種精神，鼓勵大眾勤勞工作，互相協助。

三、爻辭及小象傳

㊀

初六：井泥不食①，舊井无禽②。

①井泥不食：井底有泥沙，不能飲用。指初六以陰爻居下位，有如井底的泥沙。井底有泥，多指舊井。

《象》曰：「井泥不食」，下③也。「舊井无禽」，時舍④也。

直譯

初六爻辭：井底有污泥，不能飲用；廢棄的舊井，沒有禽鳥來。

《小象傳》說：所謂「井泥不食」，是由於井底有污泥呀。所謂「舊井无禽」，是由於時間久了，被淘汰了呀。

補注

舊井，舊說一指久廢不用的水井，一指久廢不用的陷阱。王引之《經義述聞》以為「井」通「阱」，「阱，所以陷獸也。舊阱，湮廢之阱也。」因陷阱湮廢已久，禽獸不來，故無禽獸可擒。此說頗為可取。因上句「井泥不食」似指人所不食之水井而言，而此句「舊井无禽」，則似宜作禽獸不來之「陷阱」解。

②舊井无禽：廢井缺水，連禽鳥也不會來飲水。指初六與六四不相應，有如廢井。一說：井，指陷阱。禽，古「擒」字。
③下：最下方，底層。
④時舍：為時所棄。被時間淘汰了。

二 九二：井谷射鮒①；甕敝漏②。

《象》曰：「井谷射鮒……」③，无與④也。

直譯

九二爻辭：井底出口的水，只能用來灌注小鮒魚；汲水儲水的瓦罐破舊了，會漏水。

《小象傳》說：所謂「井谷射鮒」云云，是表示沒有得到支援呀。

補注

「井谷射鮒」是比喻井中雖有活水，卻未見有人汲用，只當做可以射捕小魚之所；又像是有人想汲用，但汲水用的瓶甕卻已殘破了。因此李光地《御纂周易折中》這樣說：「井能出水，則非泥井也。而其功僅足以射鮒者，上無汲引之人；如瓶甕之敝漏然，則不能自濟於人用也，決矣。」

① 井谷射鮒：在井的出口，水只能灌注小魚。井谷：井水的出口。鮒：一種水中常見的小魚。古人以弓矢射魚，此以井谷射魚為喻，是指九二不能上應九五，只能親比初六。

② 甕敝漏：汲水儲水用的瓦罐破舊漏水。甕：一種大肚的瓦器，可作汲水儲水之用。敝漏：破舊了會漏水。一說：用破甕捕魚。

③ 井谷射鮒：九二爻辭的省文。

④ 无與：沒有支援。指九二與九五不正應。

❸九三：井渫不食①，為我心惻。可用汲，王明②，並受其福③。

《象》曰：「井渫不食」，行惻④也。求「王明」，受福也。

①井渫不食：井底泥沙已清除了，卻沒有人取用。渫：音「謝」，清理。指九三以陽爻居下卦之上，又與上六可以相應，但上六陰爻柔弱，無力汲引，因此尚未供人食用。

②王明：君王英明。王：指九五爻。

③並受其福：上下都受到福祐。

④行惻：連路人都會為此悲傷。

直譯

九三爻辭：井水清理潔淨了，卻沒有人飲用，為此我心傷悲。其實值得汲引取用的，只求君王英明，全國上下都會受到他的恩澤。

《小象傳》說：所謂「井渫不食」，是表示路上的過客也會悲傷呀。只祈求君王英明，那麼大家都會受到福祐呀。

補注

《史記．屈原傳》引此爻辭作：「井泄不食，為我心惻。可以汲王明，並受其福。」王闓運《周易說》則斷句為：「井渫不食可用汲，王明並受其福。」

四 六四：井甃①，无咎。

《象》曰：「井甃，无咎」，脩井②也。

直譯

六四爻辭：井是用磚瓦砌成的，沒有差錯。

《小象傳》說：所謂「井甃，无咎」，是由於正在修築井壁呀。

補注

孔穎達《周易正義》引用《子夏易傳》說：「以磚壘井，修井之壞，謂之為甃。六四得位而無應，自守而已，不能給上，可以修井崩壞，施之於人，可以修德補過，故曰井甃无咎也。」取象的用意是：「修井者，但可修井之壞，未可上給養人也。」

①井甃：井的內壁，是用磚瓦砌成的。指六四以陰爻居陰位，是當位得正，但陰爻柔弱，猶如井正修築中。

②脩井：借修井比喻修身。指六四以陰居陰，位正，又近九五之尊，卻無汲引之用，故宜守正自修。脩：同「修」。

五 九五：井洌，寒泉食。①

《象》曰：「寒泉」之「食」，中正②也。

①井洌：井水清涼了。洌：清澄的樣子。寒泉食：冰冷的泉水可以飲用。

②中正：居中守正。指九五居〈坎卦〉之中。

直譯

九五爻辭：井水澄清了，冷泉可以飲用。

《小象傳》說：所謂寒泉的水可以飲用，是由於君王推行中正之道呀。

補注

洌，一作「冽」。王樹枏《費氏古易訂文》：「本或作冽，誤。」洌，水清，冽，寒氣。下有「寒泉」，此宜作「清澄」解。

又，王氏云：《玉篇》水部及《太平御覽·居處部》所引《周易》，俱無「食」字。

六 上六：井收，勿幕。①

有孚，元吉②。

《象》曰：「元吉」在上③，大成④也。

①井收：井已完成清理。勿幕：不要覆蓋。句謂不可據為己有，宜任人取用。幕：一作「冂」，即羃，以巾覆物之意。

②元吉：指上六與九三正應。

③在上：在最上位。表示水已到井欄之上。

④大成：大有成就。指可以養人。

直譯

上六爻辭：井已完成清理，不要覆蓋。如有誠信，那是大大吉利。

《小象傳》說：所謂「元吉」是由於在最上位者，大有成就呀。

補注

「井收，勿幕」，屈萬里師《周易批注》云：「收，謂撤去繩瓶等物也」、「幕，蓋也。」

有人據陸德明《經典釋文》引漢儒古本，說「收」當作「甃」，「勿」一作「網」，皆非。甃應涉六四「井甃」而訛，「網」宜為「罔」之誤。漢熹平石經及馬王堆帛書本，皆與通行本同，似不必另作新解。

新繹

《繫辭傳》云：「易者，象也。」又說：「聖人設卦觀象，繫辭焉以明吉凶。」「聖人立象以盡意，設卦以盡情偽。」聖人立象以盡意，我們讀者則觀象以玩辭。聖人「近取諸身，遠取諸物」，藉「八卦以通神明之德，以類萬物之情」，近取諸身，可以人的身體從腳趾到頭臉作比喻；遠取諸物，可以動、植物及各種器物的形象及功用作比喻。此〈井卦〉就是以古代水井的不同形象及功用，來比喻政治人事，談養而不窮其用的道理。因此它與〈困卦〉相綜，成為一組。困，是窮而不能自濟；井，是養而不窮其用。前者的缺點在於過於柔弱，故需濟之以剛強；後者的缺點則在於過於剛愎，故需戒之曰「不食」。

〈井〉的卦辭開頭，就以概括性形象化的語言，來說明水井的形象及功用。「改邑不改井」，是說人逐水而居，井以鑿地通泉取水養人，故城邑可以遷移而水井從來固定，無須更動；「无喪无得」，是說井有常德，汲之不竭，注之不盈，可以養人無數；「往來井井」，是說人來人往，都是為了來汲取清潔的井水，因此以繩繫瓶，汲取井水早已成為民生的日常現象。

以上是講井的特性及種種美德，但「汔至」以下，卻也陳述汲井的一個「凶」象：假使汲水時，還沒有把井水汲出井來，汲水用的繩子或瓶甕就忽然斷了毀了，那麼井水也就翻覆不管了。這個現象告訴我們：井水固然可以養人，可以取之不竭，但它不遷就別人，只要大家遷就它。把這個現象引申到政治人事上，就像有個傑出的人才，他確實有經世濟民的才幹，但他事事不肯遷就別人，別人萬一因此而有危難時，他也不管。這樣剛愎自用的人，你覺得怎麼樣？「天生我才必有用」，假使自己有才不用，或者別人不用其才，那麼這樣的人才，跟一般常人又有什麼不同？

《周易折中》引邱富國之說：「先儒以三陽為泉，三陰為井，陽實陰虛之象也。」如果從引申到政治人事方面來看六爻：初六陰柔最下，上無應援，猶如井久未修，泉水不出，積滿污泥，連禽鳥也不屑一顧。象徵元士自當沉寂下僚，見棄於時。九二以陽居陰，失位無應，猶如井底水淺，只能養小魚，即使想汲引取用，也只有讓汲水的瓶甕損壞而已。象徵雖然身為大夫，但材所非用，上無汲引，不能自濟於時。九三陽剛得正，可惜下無陰爻可據，猶如井已修治，水清堪飲，卻不見有人汲用。象徵賢臣不遇明主，故滯其才用；如果君王聖明，則君臣並受其福。六四以陰居陰，柔正得位，可惜下無所應，猶如修井之壞，改用磚造，一時無法供應飲水。象徵諸侯自守其土，能夠自濟，卻不能施養於民。九五居中得正，既居尊位，又親比上六，猶如井渫水清，可供萬民汲上飲用。象徵雖然貴為天子，尚且清寒自守，具有陽剛中正的美德。上六居卦之終，下應九三，猶如水已出井，不必再為水之清而覆蓋井口，象徵一切元吉。大功告成矣。程頤《伊川易傳》云：「它卦之終，為極為變；唯〈井〉與〈鼎〉終乃為成功，是以吉也。」

四十九、革卦

解題

革，即改動、變革。革，原指皮革，獸皮去毛之後，經過水浸火烤，製成柔軟的皮革，利用價值不變，但外表卻已不同，因而引申有改動、變革之意。

此卦以九五為主爻，所謂「大人虎變」也。

一、卦形、卦體

䷰離下兌上

【卦形淺說】

卦體離下兌上，離為火，兌為澤，火在澤下，象徵水火相剋，互相消滅。又，離為中女，兌為少女，二女同居，少女在上而中女在下，志不相得，終必變動，亦有變革之象。

二、卦名、卦辭

革：己日①乃孚。元亨，利貞，②悔亡。

直譯

〈革卦〉象徵變革：要到己日，才能取得信任。大大亨通，但宜於守正，悔恨的事自然消失。

補注

《儀禮．少牢禮》：「日用丁、己」，是說古代王侯祭祀祖先的日期，優先選擇丁日或己日。鄭玄注：「必用丁、己者，取其令自變改也。」是說丁日和己日都寓有「令自變改」的意思。己即天干中戊己的己，它的古音與「改」字相近，又「從攴為改」，是「改」字的省形，所以「己日」即「改日」。說見屈萬里師《讀易三種》引顧亭林《日知錄》及吳夌雲《吳氏遺著》。可證「己日」即「改日」，亦即「革天」（革新天命）的意思。天干次於己者，曰「庚」，則寓「更新」之意。

此卦「元亨利貞」的斷句，筆者主張讀為「元亨，利貞」，是因為九四爻說：「悔亡，有孚；改命，吉」。改命，即更改天

注釋

①己日：古人用干支記日。己日居十天干之六，已屆其半，是盛極而衰，必須變革的時刻。一作「巳日」，巳日居十二地支之六。道理相同。一說：巳，通「祀」，祭祀。

②元亨利貞：有不同讀法，或作「元、亨、利、貞」，或作「元、亨利貞」，或作「元亨，利貞」。筆者採用後者。

命，改革政權，也就是《文言傳》所說的「乾道乃革」。《彖傳》說：「文明以說，大亨以正」，所謂「大亨以正」，加上從初、二、三爻的發展來看，這才符合循序漸進的原則。

（一）彖傳

《彖》曰：革，水火相息①；二女同居，其志不相得②，曰革。

「己日乃孚」，革而信之。文明以說③，大亨以正④。革而當，其悔乃亡。天地革而四時成，湯武革命，順乎天而應乎人。革之時大矣哉！

①水火相息：水盛則火熄，火盛則水蒸。水指上卦兌，火指下卦離。息：同「熄」，消滅。但「息」又有「生」意。

②相得：互相欣賞，彼此投合。

③文明以說：文明指內卦〈離卦〉，說（悅）指外卦〈兌卦〉。是說內具文明而外能和樂。

④大亨以正：解釋卦辭中「元亨利貞」的意義。

直譯

《彖傳》說：〈革卦〉象徵水火相剋，互相消長；又象徵兩個女性同住一室，她們的心意彼此不能投合，所以稱為變革。

所謂「己日乃孚」，是說變革要到己日，然後才能贏得信任。因為在內具有文化修養，對外能夠喜悅和樂，大大亨通，而又固守正道。既能革新而又適當，所以那些悔恨的事也就消失不見了。天地因能變革而後四季才形成，商湯、周武王因能革新天命，因此順從了天意而又應和了民心。〈革卦〉所說的時機真是太重要了啊！

補注

宏一按，湯、武革命，是以臣弒君，本應聲討撻伐，但反而稱讚他們「順乎天而應乎人」，是因為夏桀、商紂暴虐無道，湯、武為了拯救人民於水火之中，不得不爾。這種大變革，必須等待適當的時機才可能成功。故云「革之時大矣哉」！

（二）大象傳

《象》曰：澤中有火①，革。君子以治厤明時②。

①澤中有火：此卦離下兌上，離為火，兌為澤，故云。

②治厤明時：制訂曆法，辨明時令。厤：同「曆」。

直譯

《大象傳》說：大澤之中，有火在燃燒，這是〈革卦〉的象徵。君子取法用來制作曆法，確定時令節序。

補注

「澤中有火」，是從卦象來解釋卦名。水火本不相容，水多則火熄滅，火旺則水乾涸，二者是互為消長的。如今澤中積水之地，竟起火燃燒，自然引人注意，這完全是不同時令季節所起的變化。君子有鑑於此，從水火的消長，體會天時的變化，因而創制曆法，確定四時節令，使以農立國的古代農民，做為生活作息的參考。這也是古代帝王的一項職責。所以只要改朝換代，都要重新頒布曆法，古人就稱為「換正朔」。

三、爻辭及小象傳

一

初九：鞏，用黃牛之革①。

《象》曰：「鞏用黃牛」②，不可以有為③也。

直譯

初九爻辭：捆綁物品要鞏固時，用黃牛堅韌的皮革。

《小象傳》說：所謂「鞏用黃牛」云云，是表示此時不可以

①鞏用黃牛之革：用黃牛的皮革來鞏固。鞏：堅固。作動詞用。黃牛之革：已見〈遯卦〉六二。黃，中央的顏色。革，堅韌的皮革。比喻居中守正，用中正之道。

②鞏用黃牛：爻辭「鞏，用黃牛之革」的省文。

③不可以有為：不可以有所作為。指變革之初，初九與九四不能相應，不宜有什麼作為。

有所作為呀。

補注

改革之初，位卑處下，宜於審慎，不可輕舉妄動。否則「小不忍，必亂大謀」。所謂「鞏，用黃牛之革」，正以此為喻，說明中道必須牢牢固守。

二 六二：己日乃革之①。征吉②，无咎。

《象》曰：「己日革之……」③，行有嘉④也。

直譯

六二爻辭：到了祭祀的己日，才可以改革它。出動前進是吉祥的，可以沒有災禍。

《小象傳》說：所謂「己日革之」云云，是表示前進就有好消息呀。

① 己日乃革之：到了己日才改革它。指六二雖與九五正應，但不能自己變動，須到適當時機才可以。

② 征吉：征則吉。征：出行，前進，遠行。指六二以陰爻而居下卦之中，又上應九五，可得其支援。是下卦的主爻。

③ 己日革之：六二爻辭的省文。

④ 行有嘉：前進有好消息。指六二有九五應援。

補注

「己日」承卦辭而來，指適當時機。到了適當的時機，才可進行改革，順時順勢而為，比較容易成功。因此說它「征吉」、「行有嘉」。

三 九三：征凶，貞厲①。革言三就②，有孚。

《象》曰：「革言三就……」③，又何之④矣？

直譯

九三爻辭：遠行會有凶險，雖守正道卻仍須戒懼。變革要三幾次才能成功，必須先有誠信而後可。

《小象傳》說：所謂「革言三就」云云，不這樣又能怎麼辦呢？

補注

「革言三就，有孚」是本爻的重點。九三以陽爻居剛位，又

① 征凶：前進行動則凶。貞厲：雖守正道，仍有危險。此二句指九三雖以陽爻居陽位，所謂陽剛履正，並與上六相應，但過於陽剛，又處下卦之極，故有凶厲之戒。

② 革言三就：捆綁東西要用皮革捆綁三圈才牢固。比喻變革需要三幾次才能成功。

③ 革言三就：九三爻辭的省文。

④ 何之：何往。意思是怎麼辦呢。

是上卦之極，表示剛健有餘，本來變革是危險的。但它與上六正應，上六居上〈卦兌〉之極，兌尚口象悅，卦辭又說：「己日乃孚」，在時機上變革已超過一半，到達逆轉之際，只要它不過於急切，先用言論宣導，取得大眾信任後，再付諸行動，就有成功的機會。「革言三就，有孚」，說的應是：這時候已是改革的時機了，因為已經沒有其他的道路可走了。只是除了改革者要有自信之外，也要同時取得大眾的信任。

四 九四：悔亡，有孚；改命①，吉。

《象》曰：「改命」之「吉」，信志②也。

直譯

九四爻辭：悔恨消失了，贏得信任；更改天命，吉祥。

《小象傳》說：所謂「改命」的吉祥，是伸張改革的意志呀。

①改命：更改天命。就政事言，大則改革政權，小則革除原有的陳規舊制。

②信志：展現志向。信：通「伸」，伸展，展現。

補注

九四以陽爻居陰位，本來居位不正是須後悔的，但已經到了改革的適當時機，也就不能不付諸行動。除了自己要有信心，更重要的是要取得大眾的信任。所以上卦和此卦所說的「有孚」，都包含有這兩層意思。

五 九五：大人虎變①，未占有孚②。

《象》曰：「大人虎變」，其文炳③也。

直譯

九五爻辭：大人物的變革，就像老虎身上的斑紋到秋天變得漂亮那樣，還沒有占卜，就能得到信任。

《小象傳》說：所謂「大人虎變」，是形容他的文彩彪炳燦爛呀。

①大人：指九五以陽居中，有如王侯。虎變：像老虎的文彩斑斕，到秋天變得光鮮明亮。變：一作「便」、「辨」，三字古通用，皆有變更之義。

②未占有孚：不必占卜就已得到信任。指九五陽剛中正，居至尊之君位，處變革之時，大眾皆信任他必能除舊布新。

③文：斑紋。炳：光耀。

補注

這是倡言革命的時機，不但已經成熟，而且付諸行動，也已取得了勝利。所謂「水到渠成」，所謂「順乎天而應乎人」。湯、武的革命就是如此。

六 上六：君子豹變①，小人革面②。征凶③，居貞吉④。

《象》曰：「君子豹變」，其文蔚⑤也，「小人革面」，順以從君也。

直譯

上六爻辭：君子的變革，像豹身上的斑紋會隨季節變化一樣，連臣僕小人也都改變容貌了。但變革後又（立即）變革，就不吉利，能夠固守常道才吉祥。

《小象傳》說：所謂「君子豹變」，是形容他的文彩斐然成

①君子豹變：是說革命之後，佐命的功臣都得到封官拜爵，尊顯富貴。君子，次於大人。豹，次於虎。變：一作「便」。

②小人革面：是說革命之後，百姓歸順擁護。小人：平民。革面：革心洗面。

③征凶：征則凶。是說革命之後，不可又變革。否則不吉利。

④居貞吉：居貞則吉。是說革命之後，能守常道則吉。以上與九三對應。

⑤蔚：文彩斐然成章。形容華美。

章呀。所謂「小人革面」，是表示天下百姓也都能恭順地來跟從革命的王侯呀。

新繹

程頤《伊川易傳》云：「水火相息之物，水滅火，火涸水，相變革者也。火在下，水在上，相就而相克，相滅息者也。所以為革也。」水火相剋，這是自然界常見的現象。

《彖傳》云：「二女同居，其志不相得」，兩個女性住在一起，年輕的不謙讓，反而處處要搶先居上，確實也容易引起年長者的不快。有人把「二女同居」解釋為二女同事一夫，居於一室之中，那更是「志不相得」了。這是社會人事中古今常見的現象。

《彖傳》用「湯武革命，順乎天而應乎人」來說明「己日乃孚」的道理。據李光地《周易折中》所引前人說法，「己日」是到了「已可革之時」，但「革天下之事，不當輕遽，乃能孚信於人。」必須要有充分的準備，要等待有利的時機，才能贏得人民的信任，革命也才容易成功。此即所謂「順乎天而應乎人」。

《大象傳》說的「君子以治厤明時」，正是說明等待時機、把握時機的道理。初九的「鞏，用黃牛之革」，說明改革之初，務必審慎，不可輕舉妄動，表示當時尚未有改革的必要。六二的「己日乃革之」，說明已到改革之時，但還不可遽革遽變，因為時機尚未成熟。九三的「革言三就，有孚」，說明到了改革之時，要多多觀察，把握時機，無躁動之凶，亦無固守之厲，要得其時宜。所謂「三就」，即表示多次觀察之後，要把握時機，躁動固然不對，退縮也可能有危險。

九四的「有孚改命」，說明當革則革，革之正當，不但不會遺憾，而且吉祥。九五的「大人虎變，未占有孚」，說明革命成功，天下歸心，龍虎正是大人（帝王）之象。上六的「君子豹變，小人革面」，說明功臣受賞，百姓歸順。所謂天下丕變、革道大成矣。

五十、鼎卦

解題

鼎，是古代烹飪的用具之一，三足兩耳，內盛食物，外加火力，使生者變熟，可供食用。引申有更新之意。後來鼎也被古人作為政權帝位的象徵，稱為國之重器，代表鞏固穩定。

〈鼎卦〉和〈革卦〉是綜卦，卦形相反，卦義則相成。革是除舊，鼎是更新。

此卦以六五、上九為主爻。六五尊尚上九之賢，猶鼎以養賢為義。

一、卦形、卦體

☲☴ 巽下離上

【卦形淺說】

卦體離上巽下，離為火，巽為木為風。以木入火中，砍柴生火，扇風加力，有用鼎烹飪之象。

就卦德而言，離在上為目為大明，巽在下為風為順，內順而外明。六五為明君，九二為賢臣，上下相應，所以有亨通之象。

二、卦名、卦辭

鼎：元吉①，亨。

直譯

〈鼎卦〉：大大吉利，亨通。

補注

鼎是食器，也是祭器。做為食器，它有烹飪之用；做為祭器，它是卦之法象。它在古人心目中，是國之重器，代表君王的威權。所以朝代的更替，就叫「鼎革」，而改朝換代之後，新登位的君王，也都趕快鑄造新鼎，把所要頒布的法令刻在鼎上，表示新時代的開始。

（一）彖傳

《彖》曰：鼎，象也。以木巽火，亨飪也。①聖人亨

注釋

①元吉：大大吉利。「吉」，有人疑為衍字，見《周易本義》；有人刪之。毛奇齡《仲氏易》云：「程頤本以吉字作羨文，《本義》作衍文，皆無據，而元吳澄本、明季本竟從而刪之，何其妄也！」

①以木巽火：此卦上離下巽，離為火，巽為木為風為入，焚木扇風，入火於鼎，故云。亨飪：即烹飪。煮熟食物。

以享上帝，而大亨以養聖賢。②巽而耳目聰明③。柔進而上行④，得中而應乎剛⑤，是以元亨。

②聖人：聖王。指九五。上帝：指上九。大亨句：豐盛的酒食用來頤養當代同時的人才。
③巽而耳目聰明：巽為入為順，指下卦巽，即以喻內。耳聰目明，指外卦離，離為火為目。
④柔進句：指初六陰爻上進而成六五。
⑤得中句：指六五居中，下應九二，得尊位。

直譯

《彖傳》說：〈鼎卦〉，就是鼎器的形象呀。用木柴生火扇風入鼎，就是為了煮熟食物呀。古代的聖王烹飪食物用來祭享上天的祖先神鬼，而豐盛的酒菜則用來供養聰明賢能的人才。內心溫柔和順而外表耳聰目明。溫柔者可以繼續前進而往上高升，獲得中正的尊位，而且又呼應了下面的陽剛者，因此大大的亨通。

補注

「鼎，象也」，屈萬里師引俞樾《群經平議》以為「象」當作「養」。觀下文「大亨以養聖賢」句，此說有理。

（二）大象傳

《象》曰：木上有火①，鼎。君子以正位凝命②。

①木上有火：此卦巽下離上，巽為木，離為火，故云。

②凝：定，固定，嚴正。命：天命，上天所賦與的使命。

直譯

《大象傳》說：木頭上有火在焚燃，這是〈鼎卦〉的象徵。君子效法它，用來端正地位，凝聚天命。

補注

《彖傳》說：「鼎，象也。」以為〈鼎卦〉就是鼎器的象形。鼎之為物，耳對峙於上，足分立於下，內外厚薄，莫不至正而安重。初六像是鼎的腳趾，六五中虛對峙，像是鼎的耳朵。二、三、四爻像是鼎的長腳和腹部，上爻像是鼎的杠。

鼎是重器，腳趾翹起，所以地位穩固，不能輕易移動；要移動時，必須用扛鼎用的木棍鼎杠，穿過鼎耳，兩邊由人合力扛起，才辦得到。所以，代表鼎耳的六五特別重要。它可以說是凝聚力量來完成天賦使命的關鍵所在。也因此五爻鼎耳和上爻鼎鉉（鼎蓋）在下文都有華麗的形容。

三、爻辭及小象傳

一 初六：鼎顛趾①，利出否②；得妾以其子③。无咎。

《象》曰：「鼎顛趾」，未悖④也。「利出否……」⑤，以從貴⑥也。

①鼎顛趾：鼎足的底部翹起。一說：顛，倒。鼎器顛倒朝上。指初六以陰居陽，上應九四。

②出：除去，倒掉。否：指不好的、腐敗的部分。

③得妾以其子：把妾扶為正室，是因為她有了兒子。這是古人重視傳宗接代的觀念。一說：以，通「與」。此句是說得妾與其子，一舉兩得。

④未悖：沒有違背常理。

⑤利出否：爻辭「利出否，得妾以其子」的省文。

⑥從貴：指初六與九四陰陽正應。九四陽爻，陽為貴，妾以其子而貴，故云。

直譯

初六爻辭：鼎的底部，像是翹起的腳趾頭，一旦鼎翻倒了，有利於倒掉原有殘餘腐爛的東西；就像娶妾為妻，是因為她生了兒子。沒有差錯。

《小象傳》說：所謂「鼎顛趾」，是表示它沒有違背常理呀。所謂「利出否」云云，是因為它跟隨貴人呀。

補注

初六陰爻在鼎卦的最下位，像是鼎器的腳趾。和它相應的是九四陽爻，因為它陽剛，又接近六五高居君位的明君，所以一旦鼎因腳趾向上揚起而翻倒了，鼎中原有的殘餘食物都倒掉除盡，反而有利而無害。「得妾以其子」有兩說，已見注，都是表示一舉兩得的意思。有人解作「為了求子，再娶個妾」，而把上句「利出否」解作「利於休妻」，恐有求新曲解之嫌。

二 九二：鼎有實①。我仇有疾②，不我能即③。吉。

《象》曰：「鼎有實」，慎所之④也。「我仇有疾……」⑤，終无尤⑥也。

直譯

九二爻辭：鼎中有具體可吃的豐盛食物。我的對手（配偶）有了疾病，暫時不能接近我。吉祥。

《小象傳》說：所謂「鼎有實」，是表示要謹慎前進呀。所謂「我仇有疾」云云，是表示暫時有問題，但終究無害呀。

① 實：具體的食物。通常指肉類。九二以陽爻居下卦之中，陽為實。
② 我仇有疾：指九二陽爻居中，上應六五。仇：匹配，敵手，對手，可以指盟友，例如對弈、競賽，對手即敵手。
③ 不我能即：不能就我。我：指九二。
④ 慎所之：指九二上應六五，是陽爻外就於陰爻，不能大意。
⑤ 我仇有疾：九二爻辭「我仇有疾，不我能即」的省文。
⑥ 終：疑當作「中」。尤：過失。

補注

「我仇有疾」的「仇」，當作「配偶」、「對手」或「幫手」解，而非指仇人。就像競賽中搭配的助手或爭勝的對手，不是真正的仇人。《詩經・周南・兔罝》「赳赳武夫，公侯好仇」的「好仇」，亦即好幫手之意。

❸九三：鼎耳革①，其行塞②，雉膏③不食。方雨虧悔④。終吉。

《象》曰：「鼎耳革……」⑤，失其義⑥也。

直譯

九三爻辭：鼎耳革斷了，它的移動搬運受阻了，因而野雞羹湯吃不到了。如果恰好在下雨，就沒有懊悔的事了。終究是吉祥。

《小象傳》說：所謂「鼎耳革」云云，是表示失去了它們交合的適當時機呀。

①鼎耳革：鼎耳指六五，九三則象鼎腹。二者並不相應。革：革除，掉落。鼎重，搬移時須以木穿耳扛起，始可移動。

②塞：阻塞不通。

③雉膏：雉，山雞。古人以為其脂肪做成羹湯最為美味。上卦離象為鳥，故用以喻雉。

④方雨虧悔：指九三若與六五相應，那是陰陽交會而成雨，可以消除懊悔之事。方：將，剛好。虧悔：悔亡。

⑤鼎耳革：九三爻辭的省文。

⑥失其義：失其時宜。一說：失去其作用。指九三不能上應六五。

補注

李鼎祚《周易集解》引虞翻之注云：「鼎以耳行，耳革行塞，故失其義也。」失其義，孔穎達《周易正義》解作「失其虛中納受之義也」，有責其過於陽剛高亢之意，故又引王弼《周易注》云：「雨者，陰陽交合，不偏亢者也。……若不全任剛亢，務在和通，方雨則悔虧，終則吉也。」總之，戒高亢而主中和。

四 九四：鼎折足①，覆公餗②，其形渥③。凶。

《象》曰：「覆公餗」，信如何也④？

直譯

九四爻辭：鼎斷了腳，傾覆了王公的美食。（將在室內即時斬殺，）它的表面也沾淋弄髒了。凶險。

《小象傳》說：所謂「覆公餗」，真的該怎麼辦才好呢？

① 鼎折足：鼎折斷了腳部。指九四雖然剛健，但相應的初六太弱。

② 覆公餗：打翻了王公的美食。公：王公。四爻為公侯之位。餗：菜餚。

③ 形渥：鼎器的表面被翻倒的食物弄髒了。一說：一作「刑剭」，在室內斬殺功臣。

④ 信如何也：是說九四不自量力，不值得信任。

補注

餗，馬融本作「粥」，鄭玄本作「蔌」。按，許慎《說文解字》鬻字：「鼎食，惟葦與蒲。陳留謂健為鬻，从鬻，速聲。鬻，或從食束。」又《爾雅．釋器》云：「肉謂之羹，菜謂之蔌」，則餗、粥、蔌、鬻等，皆「菜餚」之通稱。可見「餗」指菜粥之類的食物，與肉羹相對。

五 六五：鼎，黃耳金鉉①，利貞。

《象》曰：「鼎黃耳」②，中以為實③也。

直譯

六五爻辭：代表中央君位的六五的鼎，是黃色的鼎耳，有金屬製成的吊環，宜於守正。

《小象傳》說：所謂「鼎黃耳」云云，是表示用中道來做為行動的目標呀。

①黃耳：指六五居上卦之中，色黃。金鉉：鼎耳上用金屬做裝飾製成的吊環。鼎移動時，用長棍來扛鼎（即鼎杠）。用時，插入鼎耳吊環中，兩邊都有人合力舉起，這樣才能移動重鼎。鉉，一說鼎蓋。古文作「鼏」。

②鼎黃耳：爻辭「鼎黃耳金鉉」的省文。

③中以為實：指六五居中，下應九二，而承上九。九二、上九皆陽爻，有陽剛之實。

補注

朱熹《周易本義》云：「金，堅剛之物。鉉，貫耳以舉鼎者也。五，虛中以應九二之堅剛，故其象如此。而其占則利在貞固而已。或曰：金鉉以上九而言，更詳之。」他所說的「或曰：金鉉以上九而言」，是表示另有一種說法，認為此爻的「金鉉」乃就上九而言。

後來胡一桂《易本義附錄纂疏》闡述朱子之說，解釋為：「鉉，所以舉鼎者也，必在耳上，方可貫耳。」又說：「金象以九爻取，玉象以爻位剛柔相濟取。」五爻用金鉉、上爻用玉鉉的說法，一直是宋元以下《易》學者討論〈鼎卦〉時的重點之一。

六 上九：鼎玉鉉①。大吉，无不利。

《象》曰：「玉鉉」在上②，剛柔節也③。

① 玉鉉：鼎耳上用美玉裝飾的鼎杠。一說：指鼎蓋。

② 玉鉉在上：指上九居六五之上，是君王所敬仰的對象。

③ 剛柔節也：指上九以陽居陰位，表示剛而能柔，節度得宜。

直譯

上九爻辭：上九的鼎，是鼎耳上有用美玉裝飾的鼎杠。大吉祥，無所不利。

《小象傳》說：所謂「玉鉉」是在鼎耳的上方，陽剛陰柔能相調和呀。

補注

來知德《來氏易注》解釋「剛柔節」云：「言以陽居陰，剛而能節之以柔，亦如玉之溫潤矣，所以為鉉也。」剛而能節之以柔，旨哉斯言！

新繹

古人稱改朝換代為「鼎革」，鼎是布新，革是除舊。所謂舊的不去，新的不來。但所謂的「鼎革」並非一般的新陳代謝，而是具有激烈的性質與革命的意義。《朱子語類》說得好：「革，是更革之謂」，「須徹底從新鑄造一番，非止補苴罅漏而已。」《彖傳》解釋〈革卦〉時所說的：「湯武革命，順乎天而應乎人。革之時大矣哉！」商湯之滅夏桀，周武王之滅商紂，說時容易，當時卻是驚天動地的大變革。這兩次大變革，都能「順乎天應乎人」，順應天命，所以稱之為「革命」。近代以來，「革命」和「經濟」（本義原是經世濟物）都被人用濫了，已經不是它們原始的意義。

〈鼎〉和〈革〉互綜，成為一組，就古人而言，也順理而成章。馬振彪《周易學說》即云：「革之大者，無過於遷九鼎之重器，以新一世之耳目；而鼎之為用，又無過於變革其舊者。咸與為新，而成調劑大功。故鼎承〈革卦〉，以相為用。若器主烹飪以養，猶其小焉者也。《大象》括以正位凝命四字，養德養身、治家治國之道，為有天下者所取法，皆不能出其範圍。」其實革之大者，不止遷天子之九鼎，還包括〈革卦〉《大象傳》所說的「治厤明時」訂曆法、易服色等等。

〈革卦〉的六爻，大致都從卦辭大義來取象申述；〈鼎卦〉的六爻，則各取鼎之某一部位或配件，來取象設喻，例如九二、九三、九四三爻，取鼎三足之象，比喻三公之承天子，都是強調必須陰陽調和，剛柔相濟，否則就會像九四那樣「折足，覆公餗，其形渥，凶。」最特別的是，〈鼎卦〉和〈井卦〉一樣皆以上爻為吉，而從「小焉者」日常生活去說明其時用的意義：「蓋水以汲而出井為用，食以烹而出鼎為用也。」（《周易折中》引熊良輔之語）

五十一、震卦

解題

震，即震動。雷電發生時，震動遠近，驚傳百里，人人恐懼；但震又有奮發振作之意，故《序卦傳》云：「震者，動也。」《雜卦傳》云：「〈震〉，起也。」

此卦以初九為主爻。九四雖然也是陽爻，但震者動於下，故以初九為主。

一、卦形、卦體

䷲震下震上

【卦形淺說】

就卦體言，上下二體皆震。其象為雷。一陽居二陰之下，陽動而上，如雷如電，有震之象。

就卦性言，震為長子，古代建立嫡長制度，長子擁有很大的權力，亦有震之象。

二、卦名、卦辭

震：亨。震來虩虩①，笑言啞啞②。震驚百里③，不喪匕鬯④。

直譯

〈震卦〉象徵震動：亨通。雷電震動時，轟轟隆隆，令人驚懼，但過後卻談笑自若，咿咿啞啞。

震動雖然驚傳百里之遠，（但主持祭禮的長子，）卻不會慌張，因此而喪失匕鬯等等禮器。

補注

前一卦〈鼎卦〉中，曾說鼎不但是食器，同時也是祭器，可以用來祭祀祖先。它代表君王的權威，是國之重器。這一卦〈震卦〉乃承接〈鼎卦〉而來，所以《序卦傳》說：「主器者，莫若長子。故受之以震。震者，動也。」長子主器，表示長子在家族中重要的地位。在舉行祭祀典禮時，即由他主持祭器，如匕鬯之類。周代宗法建立了嫡長制度，長子成為法定繼承人，擁有一切固有的權力，因此古代宮闈之中，常為立太子而發生政變，王侯

注釋

①虩虩：一作「愬愬」，恐懼的樣子。虩：壁虎。相傳壁虎捕蚊時，環顧四周，戒懼以待，故以為喻。

②啞啞：談笑聲。

③震驚百里：震驚諸侯各國。古者諸侯之國封地百里，故以百里象諸侯之國。

④不喪匕鬯：指〈震卦〉在家族中代表長子，在祭祀祖先鬼神時，長子擔任主祭。匕鬯：古代宗廟祭祀所用的禮器。匕：匙杓之類，用以盛牲體。鬯：秬黍釀成的香酒。祭祀時，以匕勺鬯以降神。

公卿之家，也常因爭立嫡長而發生糾紛。〈震卦〉的震動，從「不喪匕鬯」長子的主器談起，即此之故。

《尚書・金縢》篇記載：周公輔佐成王時，管叔、蔡叔散布流言，說周公心懷不軌，可能篡位，因此周公恐懼，只好避居洛陽。後來「天大雷電以風，禾盡偃，大木斯拔」，成王打開金縢中的檔案，才知道周公的忠忱，親自迎接周公回朝。這是「震驚百里，不喪匕鬯」的一個歷史故事。

（一）象傳

《象》曰：震，亨。「震來虩虩」，恐致福①也。「笑言啞啞」，後有則②也。「震驚百里」，驚遠而懼邇③也。出，可以守宗廟社稷，以為祭主也。④

①恐致福：因恐懼而得福。

②後有則：驚懼之後知道有處理的原則。有則：有常。一說：有，又。

③驚遠而懼邇：使遠近的人都驚恐害怕。

④出可以守宗廟二句：解釋卦辭的「不喪匕鬯」四字，說這是長子之事。宗廟：對祖先而言，是祭祀祖先的場所。社稷：就人民而言，是祈告豐收的地方。

直譯

《象傳》說：雷聲震動，就是象徵亨通。所謂「震來虩虩」，是由於恐懼而得福呀。所謂「笑言啞啞」，是由於後來知道它有規律可尋呀。

所謂「震驚百里」，是由於它驚動遠方而且也震撼近處呀。（〈震卦〉所代表的長子「不喪匕鬯」，）出來繼位之後，可以守護宗廟社稷，做為祭祀典禮的主祭呀。

補注

「出，可以守宗廟社稷」句之上，程頤疑脫「不喪匕鬯」四字，甚是。「出」亦疑當作「鬯」。

「震」於人倫為長子，即所謂「祭主」，祭祀典禮由他主持，匕鬯等禮器即其行禮時所持之物。如果他能臨危不亂，不因震動而丟掉匕鬯，那就表示他能「守宗廟社稷」，繫一國之安危了。

（二）大象傳

《象》曰：洊雷①，震。君子以恐懼脩省②。

①洊雷：接連震動的雷聲。洊：重，再。此指〈震卦〉上下二卦都是震，震了又震。

②脩省：反躬自省的意思。

直譯

《大象傳》說：震了又震的雷聲，就是〈震卦〉的象徵。君子取法它，藉由恐懼來修養身心，反省自己。

補注

按，《論語・鄉黨篇》：「迅雷烈風，必變。」是說孔子遇見迅雷烈風時，臉色必變。這是人們正常的反應，也是君子應該「恐懼脩省」的時機。對於一般人來說，生活懵懵懂懂，渾渾噩噩，迅雷烈風可能只使他受到驚嚇；但對於修身養性的君子而言，卻在恐懼之餘，還會反躬自省。在漢儒孟喜、京房等人所倡立的卦氣說中，以八卦配二十四節氣，驚蟄、春分這兩個節氣，正是通過春雷鳴，使萬物「甦醒」的季節。這也就是大自然所給予人們的啟示。孔穎達《周易正義》：「君子恆自戰戰兢兢，不敢懈惰；今見天之怒，畏雷之威，彌自修身，省察己過。」說的就是這個道理。

三、爻辭及小象傳

(一) 初九：震來虩虩，後笑言啞啞。吉。

《象》曰：「震來虩虩」，恐致福也。「笑言啞啞」，後有則也。

宏一按，初九為此卦主爻。此爻爻辭與《彖傳》相同，注釋不贅。

又，古代嫡長制度未立之前，長子沒有儲君的身分，等同一般諸侯，故以初九當之。

---

❷ 六二：震來厲①，億喪貝②，躋于九陵③。勿逐，七日得④。

《象》曰：「震來厲……」⑤，乘剛⑥也。

直譯

六二爻辭：震動來得猛烈，估計可能會喪失錢財，因而爬上九重高的山峰去避難。其實不用追尋，七天內就可以回來。

《小象傳》說：所謂「震來厲」云云，是由於它乘越陽剛之氣呀。

①厲：危險，猛烈。

②億：同「噫」、「臆」，語氣詞。有臆度猜測之意。喪貝：喪失錢幣。古代貝為錢幣之一。

③躋于九陵：登於九重高峰之上。九，極言其高。

④七日得：七天內可復得返。參閱〈復卦〉卦辭。

⑤震來厲：六二爻辭的省文。

⑥乘剛：凌駕在陽剛之上。指六二陰爻乘越於初九陽爻之上。

補注

「七日得復」之說，已見〈復卦〉卦辭。清人王引之《經義述聞》云：《易》常「以七日為期，蓋日之數十，五日而得其半。不及半，則稱三日；過半則稱七日。欲明失而復得，多不至十日，則云七日得。此卦之七日來復，亦猶是也。占者得此，則凡已去者可以來復，至多不過七日，故云七日來復。七日者，人事之遲速也。」按，此又一說。

三 六三：震蘇蘇①。震行无眚②。

《象》曰：「震蘇蘇」，位不當③也。

直譯

六三爻辭：震動時斷斷續續，令人恍惚不安。如果內心震驚而能慎於行動，就可以沒有災害。

《小象傳》說：所謂「震蘇蘇」，是由於所處位置不適當呀。

① 蘇蘇：疑懼不安的樣子。

② 震行无眚：震行則无眚。震行：震恐因而慎於前進。无眚：可以沒有災害。眚：原指眼睛生翳。

③ 位不當：指六三爻以陰爻而居陽位，是失位不正。但不像六二乘剛，故慎行則可無咎。

四 九四：震遂泥①。

《象》曰：「震遂泥」，未光②也。

直譯

九四爻辭：震動一直滯留不去。

《小象傳》說：所謂「震遂泥」，是由於陽剛的本能，沒有發揚光大呀。

五 六五：震往來，厲。①億无喪，有事。②

《象》曰：「震往來，厲」，危行③也。其事在中，大无喪也。④

直譯

六五爻辭：震動時上下往來，都很危險。希望沒有損

①遂泥：一直滯留。遂：一作「隊」，通「墜」，即墜入泥中。泥：滯留不去，讀去聲。

②未光：未能發揚光大。指九四為陽爻，卻陷於重陰之中，以致泥滯，未顯陽剛本能。

①往來：往而復來。指爻位的上下移動。厲：危險。震往來厲：指六五雖居尊貴中位，上為上六之陰所斥，下有乘九四陽爻之虞。

②億：同「噫」、「臆」。已見前。猜測，估計，亦表示希望的口氣。无喪有事：無喪則有事。无喪：沒有損失。有事：有事情要處理，指祭祀之事。一說：无喪有事，即萬無一失，无喪於事。

③危行：在危險中行動。

④其事在中二句：行事皆守中道，則萬無一失。

失，就必須有些事情好好早作處理。

《小象傳》說：所謂「震往來，厲」，是表示在危險中的行動呀。他要做的事，在於固守常道，就萬無一失呀。

補注

「有事」，指祭祀或征伐之事。《左傳》說：「國之大事，在祀與戎。」六五雖居君位，但不夠剛健，故宜早立長子主持大事。

六 上六：震索索，視矍矍，征凶①。震不于其躬，于其鄰，无咎。②婚媾有言③。

《象》曰：「震索索」④，中未得⑤也。雖凶无咎，畏鄰戒也。

直譯

上六爻辭：震動時畏畏縮縮，眼光閃爍不定，有行動就會遇

① 索索：心神不安的樣子。比「蘇蘇」嚴重。索，原作「索」。視矍矍：眼神不安的樣子。征凶：征則凶。遠行前往即有凶險。征：一作「往」。

② 其躬：他自己身上。其鄰：他鄰近的方國。指諸侯而言。

③ 有言：閒言閒語。有小言，有微言。

④ 震索索：爻辭「震索索，視矍矍」的省文。

⑤ 中未得：是說不能自安。中：內心。一說：中道。沒有秉持中道。指上六以陰爻居陰位，又處〈震卦〉之極。

凶險。雷電不打在他身上，卻打到他鄰近的親王諸侯，結果沒有災禍。但在婚姻交往時，難免會有閒言閒語。

《小象傳》說：所謂「震索索」云云，是由於中道沒有堅持，心中不能自安呀。雖然凶險，卻沒有災禍，是由於畏懼鄰近的親王諸侯受到雷震而有所警戒呀。

補注

周朝實行封建制度，上爻在五爻帝位之上，所指應是帝王的叔伯之國或后妃甥舅之國。有人就說《周易》卦爻辭中的「鄰」，通常指諸侯或皇親國戚。

新繹

震，指雷電震動。震動時，人人恐懼。從宇宙自然說，迅雷閃電，事出突然，令人驚恐，地震之天搖地動，更不用說；從社會人事說，政治動蕩，社會不安，也同樣令人戒懼。〈震卦〉上下皆震，不但講雷電的令人震驚，也講人事的令人警惕。從卦辭開始，它就分別從這兩個層次來說。教人面對這些亂象時，應該如何面對，如何處理。取象於自然界的雷震，借喻政治動蕩時，主其事者該如何冷靜處理。《大象傳》說的「君子以恐懼脩省」，就是這個意思。

初爻的「震來虩虩」，這是自然界的現象。二爻的「震來厲」、三爻的「震蘇蘇」、四爻的「震遂泥」、五爻的「震往來厲」以及上爻的「震索索」，都是藉文字形聲的不同，來說明「震驚百里」震動程度的增強加深；而人事上的「笑言啞啞」，則是「君子以恐懼脩省」的結果。因為在位的君子能夠「恐懼脩省」，因恐懼而知戒備，知「後有則」，所以不必擔心「喪貝」而「躋于九陵」。即使發生「震蘇蘇」、「震遂泥」、「震往來厲」、「震索索」等等現象，都不必害怕。就好像政局動蕩、社會不安之時，只要後繼有人，遵守嫡長制度，立長子（震為長子）為繼承人，由長子主持祭典，即主持大事。如果所立得人，長子在震動來時，「不喪匕鬯」一切依禮而行，臨危不亂，那麼即使「震來虩虩」，也自然可以奮發振作，化險為夷，安定民心，「後笑言啞啞」了。

五十二、艮卦

解題

艮，即靜止、停頓。停頓是止而不進，沒有往來交流。引申有限制、克制之意。在《易經》中講停止之道的，還有〈大畜卦〉、〈小畜卦〉，但它們講的是強制性的，而〈艮卦〉講的則是自發性。

〈艮卦〉和〈震卦〉卦形上下相反，是綜卦。震是動，艮是靜，一動一靜，相互為用。

此卦以上九為主爻。九三雖然也是陽爻，但〈艮卦〉陽止於上，故以上九為主。

一、卦形、卦體

䷳艮下艮上

【卦形淺說】

就卦體言，〈艮卦〉上下皆艮，都是一陽在二陰的上方，已至頂極，不動如山，二山各止於其位，相背而立，不相往來。

二、卦名、卦辭

（艮：）艮其背①，不獲其身②；行其庭，不見其人。无咎。

直譯

（〈艮卦〉象徵停止：）停止在他的背後，就不能看到他的胸腹；只走到他的門庭，就不能見到他室內的本人。沒有災患。

補注

「艮」的本義是「看」。許慎《說文解字》：「艮，很也。从匕目。匕目，猶目相匕，不相下也。」段玉裁注：「目相匕，即目相比，謂若怒目相視也。」唐蘭《殷虛文字記》云：甲骨文見字作、、等，而艮字作，有前瞻與後顧之不同，而艮、顧亦雙聲，故艮有「回顧」之義。「艮其背，不獲其身」，通常解「背」為人體之背部，解「身」為人體之胸腹；「行其庭，不見其人」，通常解「庭」為前院中庭，解「不見其人」為人在「北堂」故不見，皆有前瞻與後顧之不同。

注釋

①艮其背：句前應有「艮」字。又，對照《彖傳》「艮其止」以下一段文字，「艮其背」似原作「艮其止」。「止」、「北」形近。一說：艮，回顧；其：之。卦辭之「艮其背」應作「艮其北」，「北」即「背」之古字。吳澄《易纂言》以為「北」指北堂。

②身：指腹部。篆文作。

（二）彖傳

《彖》曰：艮，止也。時止則止，時行則行。①動靜不失其時②，其道光明。艮其止，止其所③也。上下敵應，不相與也。④是以「不獲其身，行其庭，不見其人，无咎」也。

① 時止則止二句：該停止就停止，該活動就活動，一切配合適當的時機。
② 不失其時：不能錯過那適當的時機。
③ 止其所：指艮其背。其：之。
④ 上下敵應二句：上下爻之間，陰陽不互相應和，不互相協助。指本卦六爻皆陰陽敵應。初、四爻，陰遇陰；二、五爻，陰遇陰；三、上爻，陽遇陽。

直譯

《彖傳》說：艮，是停止的意思呀。時機該停止就停止，時機該進行就進行。行動和靜止都不能錯過那適當的時機，因此他所走的道路是光明的坦途。

〈艮卦〉所說的停止，是停在它自己（背後）的位置上呀。上下之間，陰陽敵對而勢均力敵，不能互相應和交流呀。因此就像卦辭所說的：「不獲其身，行其庭，不見其人，无咎」呀。

補注

「行其庭，不見其人」，古代居室建築，通常坐北朝南，前為庭院，升階登堂之後，才可入室。北堂猶在其後，故「行其庭」，無從「見其人」。

(二)大象傳

《象》曰：兼山①，艮。君子以思不出其位②。

①兼山：同時兩座山重疊。藉此解釋卦象與卦名。
②不出其位：是說謹守本分。

直譯

《大象傳》說：兩座重疊不動的高山，是〈艮卦〉凝重的象徵。君子取法它，一切都要考慮不超越他自己的本分。

補注

「兼山」以山之重疊而寓有二義：一則形容其高聳，令人止步，不能前行；一則形容其凝重，靜止不動，皆有君子可取法之處。

程頤《伊川易傳》就說：「位者，所處之分也。萬事各有其所，得其所，則止而安；若當行而止，當速而久，或過或不及，皆出其位也。況踰分非據乎？」

三、爻辭及小象傳

一 初六：艮其趾①。无咎，利永貞。

《象》曰：「艮其趾」，未失正也②。

直譯

初六爻辭：停止他的腳步不動。沒有差錯，宜於永遠固守正道。

《小象傳》說：所謂「艮其趾」，是表示沒有違背正道呀。

補注

程頤解釋此爻，說是應該停止在腳趾邁出之前。他的《伊川易傳》這樣說：「六在最下，趾之象。趾，動之先也。艮其趾，止於動之初也。事止於初，未至失正，故无咎也。」

① 趾：一作「止」，止為趾之本字。

② 未失正也：指初六以陰爻居陽位，陰者柔靜，與〈艮卦〉止義相合，故未失正道。

二 六二：艮其腓①，不拯其隨②。其心不快。

① 腓：小腿肚。

② 不拯其隨：不能支援拯救他所追隨的對象。一說：隨，通「腿」，指大腿。指六二陰柔，想拯救過於陽剛的九三，但九三剛愎自用，而六二又力量不足，只好勉強追隨九三。

《象》曰：「不拯其隨……」③，未退聽④也。

直譯

六二爻辭：停止他的足腓不動，不能舉步支援他所追隨的對象。他的內心不愉快。

《小象傳》說：所謂「不拯其隨」云云，是表示還不能忍讓退後一步，聽從別人的勸告呀。

③不拯其隨：六二爻辭的省文。

④退聽：是說九三不能忍讓退而聽從六二的勸告。

㈢九三：艮其限①，列其夤②。厲，熏心③。

《象》曰：「艮其限……」④，危，薰心也。

直譯

九三爻辭：停止在他的腰部，裂開他背部的脊肉。危險，像火在熏心一般。

《小象傳》說：所謂「艮其限」云云，是表示危險如火熏心一般呀。

①限：分界線。人體的腰部，是上身下體的分界。

②列其夤：列，裂的本字，分裂。夤，一作「胂」，背脊上的肌肉。此指九三居四個陰爻之間，就像腰背上的肌肉左右分裂，不能合為一體。

③薰心：像心被火薰燒一般。

④艮其限：九三爻辭的省文。

補注

限、夤都是指人體的腰部，有人以為二者分別代指人體前後的兩個隱祕部位，似乎有其道理。

四 六四：艮其身①，无咎。

《象》曰：「艮其身」，止諸躬②也。

直譯

六四爻辭：停止他的腰身不動，沒有過錯。

《小象傳》說：所謂「艮其身」，是表示停止他整個身體。

五 六五：艮其輔①，言有序②，悔亡。

《象》曰：「艮其輔……」③，以正中也④。

①身：指人體腰部以上的身軀。主要指腹部。

②止諸躬：止之於躬。躬：全身，即整個人。指六四以陰爻居陰位，得正。

①輔：上頷，上牙床。泛指面頰口舌。見〈咸卦〉上六。

②言有序：說話有層次有條理。序：一作「孚」。

③艮其輔：六五爻辭的省文。

④以正中也：指六五以陰柔而居上卦之中，守尊貴之位，象徵行事能得中正之道。

直譯

六五爻辭：停止他的口輔不要亂動，如果說話謹慎，能有層次有條理，悔憾的事就會消失。

《小象傳》說：所謂「艮其輔」云云，是由於守正居中呀。

---

❻ 上九：敦艮①，吉。

《象》曰：「敦艮」之「吉」，以厚終也②。

① 敦：重，篤實。有殿後之意。敦艮：艮之又艮。
② 以厚終也：能以篤實堅持到最後。

直譯

上九爻辭：能篤實地停止不動，吉祥。

《小象傳》說：所謂「敦艮」的吉祥，是由於能始終厚實、維護成果呀。

新繹

上文說過，伏羲畫卦，是觀物立象，或近取諸身，或遠取諸物；文王（周公）之卦爻繫辭，是取象設喻，藉陰陽剛柔相推而生變化，以明吉凶，而孔子及其後學之「十翼」，則順乎二者，衍其餘緒，藉以闡述儒家之義理。茲就此看〈震〉、〈艮〉二卦，並略作比較。

「十翼」之一的《雜卦傳》說：「〈震〉，起也；〈艮〉，止也。」二者互綜，蓋相互為用。較其異同，〈震卦〉係以大自然之雷電為象；卦辭則以「震驚百里，不喪匕鬯」為言，而其六爻則分別以「震虩虩」、「震蘇蘇」、「震索索」及「震來厲」、「震遂泥」、「震往來厲」等等，由大自然界「震驚百里」之聲狀，而推及社會人事。

古人所謂「國之大事，唯祀與戎」，是說祭祀與戰爭同樣重要，祭祀指的就是關於帝王公卿「不喪匕鬯」的祭祀禮儀。雷震來時，固然令人驚恐，但也同時令人敬畏。古人以為：帝王公卿（所謂百里侯以上的）統治者，如果因而起敬畏之心，順乎天而應乎人，不敢懈怠，在主持或參與祭祀大典時，能用匕盛牲體，用香酒灌地，一切依禮行事，大家肅穆莊敬，如此就能得天之祐，教化天下，得到萬民的擁護。這時候即使「震來虩虩」，不久大家一樣可以「笑言啞啞」。

至於「十翼」之一的《象傳》所說的「君子以恐懼脩省」，說的不是百里侯，而是賢人君子；說的不是祭祀大典的主祭或助祭，而是觀禮贊禮的士大夫之流。「恐懼脩省」所要強調的，不是恐懼、無助，而是反省、奮起。

同樣的道理，〈艮卦〉係以大自然的高山為象；高山有前後向陽向陰之分，卦辭則以「艮其背，不獲其身；行其庭，不見其人」為言。背指後背，身指前腹；庭在屋前，人在堂後。而且，前者言「其背」「其身」，後者言「行」「不見」，蓋皆「近取諸身」，故其六爻以「艮其趾」、腓、限、身、輔以及「敦艮」等取象設喻，由人身的形體有正反兩面，由下而上，從不同的層次，來說明天下萬物各有正反前後兩面、故見高山宜「止而不進」的道理。

至於「十翼」之一的《彖傳》所說的「艮，止也。時止則止，時行則行，動靜不失其時」、「止其所也」，以及《象傳》所說的「君子以思不出其位」，都同樣是在闡述這個道理。「艮，止也」，講「止」不講「進」，是從反面來說道理，而孔子及其後學所強調的「止」，不是真正的長久的停止不進，而只是要「止其所」，「不失其時」。所謂「時止則止，時行則行，動靜不失其時」，也就是孟子稱讚孔子所說的：「可以速而速，可以久而久，可以處而處，可以仕而仕」，所以孟子才稱讚孔子是「聖之時者也」。

因此，〈震卦〉與〈艮卦〉一動一靜，一正一反，相互為用，也相生相成。

《易經》上下卦相同的純卦之中，像〈坎〉、〈離〉、〈巽〉、〈震〉、〈兌〉卦，都具備了「元亨利貞」的某些德性，唯獨〈艮卦〉只說是「无咎」，顯得比較特殊。宋儒周敦頤即特別推崇此卦，認為天台宗的法門是修止觀，因此說：「《法華經》全卷，可由這一〈艮卦〉代替。」

五十三、漸卦

解題

漸，即逐漸、循序漸進。有徐而不速、動而不止之意。故《序卦傳》云：「漸者，進也。」但〈漸卦〉之「漸」字，另有其義，專以「女歸」設喻，故《雜卦傳》說：「〈漸〉，女歸待男行也。」

此卦以九五、六二為主爻。

一、卦形、卦體

䷴艮下巽上

【卦形淺說】

卦體艮下巽上，艮為山，巽為木，山上有木，逐漸成長，有漸進之象。

就卦性言，艮為止，巽為順為入，猶如女子出嫁須遵禮法，循序漸進，先靜止而後順入。

二、卦名、卦辭

漸：女歸吉①，利貞。

直譯

〈漸卦〉象徵漸進：好像女子出嫁依禮循序那樣就吉祥，宜於守正。

補注

按，古人稱女子出嫁為「歸」，表示她從此終身有了歸宿。一般而言，男女婚姻，通常出於男方的主動，俗話說：哪個少男不多情，哪個少女不懷春，雖然說郎有情，妹有意，但《易經》所反映的古人觀念，仍然宜由男方主動。

注釋

① 女歸吉：女歸則吉。古代女子出嫁，明媒正娶，須經納采、問名、納吉、納徵、請期、親迎等六個程序。

（一）彖傳

《彖》曰：漸之進也①，「女歸吉」也。進得位，往有功也。進以正，可以正邦也。②其位，剛得中③也。止而巽④，動不窮也。

① 漸之進也：「之」字疑為「漸」之誤。句應作「漸：漸進也。」或係古人「漸＝進也」簡寫致誤。

直譯

《彖傳》說：〈漸卦〉是漸進的象徵呀，就像女子出嫁的那種吉禮呀。逐漸進步而獲得高位，勇於前往而擁有功績呀。進步是遵循正道，這可以用來端正邦國做為模範呀。

他的獲得高位，是由於剛正而得到中道呀。懂得靜止而順乎自然的道理，行動就不會困頓呀。

補注

「女歸吉也」，陸德明《經典釋文》云：「王肅本還作『女歸吉，利貞。』」洪頤煊《讀書叢錄》云：核對下文，「據文義，當有『利貞』二字。」

筆者以為「利貞」不可省。有「利貞」二字，「女歸」始「吉」。九三的「夫征不復，婦孕不育」，九五的「婦三歲不孕」，皆與此有關。

（二）大象傳

《象》曰：山上有木①，漸。君子以居賢德善俗②。

② 進得位四句：是說九五陽剛中正，進而得乎貴位，往而必然有功。與六二相應，可以正身，亦可正邦。此釋卦辭「利貞」一詞。

③ 剛得中：重申九五以陽剛居中得位。

④ 止而巽：下卦艮為止，上卦巽為順。

① 山上有木：此卦艮下巽上，艮為山，巽為木，故云。一如他卦，此釋卦象與卦名。

② 居：保持，累積。賢德：即善俗。善俗：一本作「善風俗」。善，作動詞用。

直譯

《大象傳》說：高山上有逐漸成長的樹木，這是漸卦的象徵。君子效法它，用來保持善良的德性，改善社會風氣。

補注

孔穎達《周易正義》：「木生山上，因山而高，非是從下忽高，故是漸義也。」君子有賢德，居上位，多半時運使然，未必天生如此。所以更當「居賢德善俗」。

又，「居賢德善俗」一句，朱熹《周易本義》曾疑其不成詞，認為「賢」字為衍文，或者「善」字下有脫字。故有人以為當作「居德善俗」或「居賢德，善風俗」。但也有人（像王樹枏《費氏古易訂文》）以〈未濟卦〉的《大象傳》有「君子以慎辨物居方」正與此句法同，主張不改。

三、爻辭及小象傳

一 初六：鴻漸于干①。小子②厲，有言③，无咎。

① 鴻：大雁，一種寒來暑往的候鳥。鴻雁結伴成群而飛，排列成行有秩序。干：水邊。河畔山澗都叫干。

《象》曰：「小子」之「厲」，義④「无咎」也。

直譯

初六爻辭：像鴻雁逐漸到了水邊。對小朋友是危險的，會有閒話批評，但沒有災禍。

《小象傳》說：所謂「小子」的危險，按理說，就是沒有災禍呀。

補注

「有言，无咎」，上博本作「有言，不冬」。不冬，「不終」之訛。无咎、不終，皆是占辭。終，指好的結果。對照〈需卦〉九二：「需于沙。小有言，終吉」，无咎在「不終」與「終吉」之間。

二 六二：鴻漸于磐①，飲食衎衎②。吉。

《象》曰：「飲食衎衎」，不素飽③也。

② 小子：童子，少年。艮為少男，指初六居卑位。位卑體弱又上無應援。

③ 有言：有批評。言：閒言。指初六與六四不能相應。初六幼小，而六四柔弱。初六可能遭受六四叱責。

④ 義：事之宜。

① 磐：涯岸。水邊的大石堆。

② 衎衎：音「看」，和樂的樣子。指六二居中，又上應九五。

③ 不素飽：不憑白吃飽飯。猶不素餐，不勞而獲的意思。

直譯

六二爻辭：成群的鴻雁已經逐漸到了水邊大石堆那兒，牠們飲水吃東西，和和樂樂的樣子。吉祥。

《小象傳》說：所謂「飲食衎衎」，是表示不會憑空吃飽呀。

三 九三：鴻漸于陸①。夫征不復②，婦孕不育③。凶，利禦寇④。

《象》曰：「夫征不復」，離群醜⑤也。「婦孕不育」，失其道也。利用禦寇，順相保也。⑥

直譯

九三爻辭：鴻雁逐漸到了陸地。丈夫遠行不能回家，婦人懷孕不敢生養。凶險，卻有利於抵禦外來的寇盜。

《小象傳》說：所謂「夫征不復」，是因為受困於敵方群小

① 陸：指高於水岸的陸地。

② 夫征不復：丈夫遠征，不能回家。指九三以陽爻居陽位，過於銳進，非居中守正，陷於上下三陰之間。

③ 婦孕不育：婦人懷孕，不敢生育。指六四乘九三之上。

④ 寇：敵軍，敵方。指丈夫所以不復，婦人所以不育的對象。

⑤ 離：罹，受難。一說：離開。群醜：指敵軍、群小。

⑥ 利用禦寇二句：是說九三和六四應當慎守親比，才能相保。順：慎。

呀。所謂「婦孕不育」，是因為違背夫婦倫理的常道呀。所謂有利於用來抵禦寇盜，是表示雙方應當謹慎、互相保護呀。

補注

「夫征不復」二句，王弼《周易注》云：「夫征不復，樂於邪配，則婦亦不能執貞矣。非夫而孕，故不育也。三本艮體，而棄乎群醜，與四相得，遂乃不返，至使婦孕不育，見利忘義，貪進忘舊，凶之道也。」可供讀者對照研讀。

「婦孕不育」，陸德明《經典釋文》云：孕字，荀爽本作「乘」。馬王堆帛書本則作「繩」。據李富孫《易經異文釋》云：「孕讀如繩，乘、繩聲近，故九五孕與陵、勝為韻。」

參閱九五「補注」。

四 六四：鴻漸于木①，或得其桷②。无咎。

《象》曰：「或得其桷」，順以巽③也。

① 木：樹林。巽象木。

② 桷：即榱，屋椽。齊魯人稱之為桷。見《說文解字》。此指樹上可供棲止的平正枝柯。

③ 順以巽：指六四以陰爻居陰位，又在二陽爻之下，柔順而又謙遜。

直譯

六四爻辭：鴻雁逐漸飛到了樹林間，有時找到了那橫平的枝柯可以棲息。沒有災禍。

《小象傳》說：所謂「或得其桷」，是因為它柔順而又謙遜呀。

補注

馬其昶《重定費氏學》云：「鴻不木棲，之木而得桷，或可暫安，言能稱物之宜也。」

宏一按，此承九三「夫征不復」言，說明「夫征」所以「不復」的原因。

五 九五：鴻漸于陵①。婦三歲不孕，終莫之勝②。吉。

《象》曰：「終莫之勝，吉」，得所願也③。

① 陵：此以山陵比喻九五居尊位。

② 終莫之勝：終莫勝之。畢竟沒人能贏過他。指九五與六二相應，雖為九三、

六四所隔，但九五居尊履正，終能相配。

③得所願也：指九五終與六二合好。

直譯

九五爻辭：鴻雁逐漸飛到山陵。婦人已經三幾年不敢懷孕，畢竟沒有人能勝過他。吉祥。

《小象傳》說：所謂「終莫之勝，吉」，是表示已經得到他所期待的願望呀。

補注

《雜卦傳》：「〈漸〉，女歸待男行也」，它不像《序卦傳》云「漸者，進也」那樣，只解釋「漸」的字義，它要講的是〈漸卦〉取象的主題情境。

〈漸卦〉是從「女歸」來取象設喻的。古代女子出嫁從夫，才算有了歸宿，也因此稱之為「歸」。出嫁之後，古代婦女必須從一而終，否則無地自容。丈夫可以遠行，出征在外，婦人則必須固守家園，始終以夫家為歸宿。即使「夫征不復」，久出未返；即使一時失貞，也要「婦孕不育」。如果能「三歲不孕」，仍歸夫家，那就「終莫之勝」，仍然吉利。這種情境，古今社會所常有，卻人人避忌不談。《彖傳》「女歸吉」之下，原有「利貞」二字，所以被刪者，可能即因此之故。

六 上九：鴻漸于陸①，其羽可用為儀②。吉。

《象》曰：「其羽可用為儀，吉」，不可亂③也。

① 陸：山阿。山上高平的地方。一說：假借為「逵」，指雲路、天空。另外也有人疑為「阿」的訛字。

② 儀：羽旄旌旗之飾。一說：冠上的羽飾。帛書本作「宜」。

③ 不可亂：是說夫婦之倫常不可敗壞。指夫婦最後和好。

直譯

上九爻辭：鴻雁逐漸飛到雲空，牠的羽毛可以用來做為旌旗儀仗或禮帽冠上的裝飾。吉祥。

《小象傳》說：所謂「其羽可用為儀，吉」，是表示牠的心志不可能擾亂呀。

補注

上九的「陸」，因與九三的「陸」字同，歧解不少，王弼以後，解作「雲路」者不乏其人。胡瑗云當作「逵」，以字體相近，傳錄之誤。程頤《伊川易傳》從之，朱熹《周易本義》亦云：「以韻讀之，良是。」筆者亦採此說，故引胡瑗之說於後，見「新繹」。

不過，筆者又以九三有「夫征不復，婦孕不育」、九五有「婦三歲不孕，終莫之勝，吉」之語（說見九五補注），上九似言夫婦最後復合如初，故九三與上九之「鴻漸于陸」，「陸」皆指夫家而言。上九猶言婦人復歸於夫家，故其「陸」可與九三之「陸」同。

新繹

〈漸卦〉以飛鴻為喻，依其棲止之所的由近而遠、由下而上，用來象徵君子之處世行事，也應當由近而遠、由下而上、由低而高、由卑而尊，循序漸進，這樣才是恆常的正道。

可能有人會對九三和上九同樣是「鴻漸于陸」，產生疑問。關於這個問題，胡瑗《周易口義》有一段話說得很好，茲錄之如下：

按，此〈漸卦〉始於微而至於大，由於下而升於高，故此一卦皆以鴻漸為象。初則漸於干，二則漸於磐，三則漸於陸，四則漸於木，五則漸於陵，至此上九復言陸者，按諸家之說，以謂上九、九三皆處一卦之上，故皆言陸。陸者，高之頂也。遍觀經文，又無高頂曰陸之文。且陸者，地之高平者也；陵者，大阜也。又安有地而反高於山阜者哉？……今考于經文，陸字當為逵字，蓋典籍傳文字體相類而錄之誤也。逵者，雲路也，言鴻之飛高至於雲路，其羽翎毛質可以為表儀。亦猶賢人君子，自下位而登公輔之列，功業隆盛，崇高遠大，可以為天下之儀表，故獲吉也。……

以此推之，是傳錄之際，誤書此逵字為陸字也，明矣。

我們看看上博本、馬王堆帛書本傳錄的很多通假字和脫文衍字，應該同意胡瑗的此一判斷。

五十四、歸妹卦

解題

歸妹，即出嫁少女，指婚姻而言。古人稱女子出嫁為歸，表示有了歸宿。

此卦和〈漸卦〉是綜卦，同樣寫「女歸」。此卦是歸，是下嫁，〈漸卦〉是升，是漸進，相反相成。

一、卦形、卦體

䷵兌下震上

【卦形淺說】

卦體震上兌下，震為雷，兌為澤，雷動而澤興水起，有相合之象。

卦象震為長男，兌為少女，男動情於上，而女懷春於下，有女悅從男之象。

二、卦名、卦辭

歸妹①：征凶②，无攸利。

注釋

① 歸妹：出嫁女子。猶言嫁女。歸：嫁。妹：少女的通稱。

② 征凶：征則凶。

直譯

〈歸妹卦〉象徵出嫁少女：主動出行就凶險，沒有什麼好處。

補注

歸妹，指出嫁女子，說明此一婚姻是出於女方的主動。妹，原指姊妹的排行，是少女的通稱。此卦下卦兌，象少女，相當於妹妹，而上卦震象長男，少女嫁給長男，所以稱為「歸妹」。程頤就曾說：「歸妹者，女之歸也。妹，少女之稱。」所以〈歸妹卦〉談的就是嫁女之道。

不過，此卦卦辭說「征凶，无攸利」，《彖傳》說是「說以動」、「位不當」、「柔乘剛」，而爻辭中也一再提到「歸妹以娣」、「歸妹以須」，甚至提到「帝乙歸妹」，可知此卦所說的「歸妹」，應是出於女方的主動。這跟上一卦〈漸卦〉所寫的

「女歸吉，利貞」，出於男方的主動，恰好一正一反，相輔相成。

原來在殷周時代，貴族嫁女，常常除了出嫁的新娘之外，還有一些陪嫁的女子隨同嫁到夫家。這些陪嫁的女子，通常是新娘的妹妹或同宗族的少女，她們被稱為媵或妾，與新娘一起服事丈夫，包含生育子女、傳宗接代。古代的帝王公侯，藉此婚姻制度來遂行其政治目的的，不乏其例，因此，有的男女婚事，係由女方主動促成。

（二）彖傳

《彖》曰：「歸妹」，天地之大義也。天地不交，而萬物不興。「歸妹」，人之終始①也。說以動②，所歸妹也。「征凶」，位不當③也。「无攸利」，柔乘剛④也。

①人之終始：指結婚是男女單身生活的結束，同時是夫婦生活的開始。

②說以動：指六三爻。說：通「悅」。

③位不當：六爻之中，二爻至五爻的中間四爻，皆不當位。或陽居陰位，或陰居陽位。

④柔乘剛：柔弱勝剛強。乘：凌駕，超越。指六五在九四之上、六三在九二之上。

直譯

《彖傳》說：所謂「歸妹」，是天經地義的大道理呀。如果天地不交流合作，萬物也就不能產生了。所謂「歸妹」，也是人倫的終點和起點呀。喜悅而又主動的，是出嫁的少女呀。所謂「征凶」，是由於所處的地位不適當呀。所謂「无攸利」，是由於柔弱的勝過剛強的呀。

補注

《序卦傳》說：「有天地，然後有萬物；有萬物，然後有男女；有男女，然後有夫婦……」〈歸妹〉說的，就是夫婦之道，因此稱之為「天地之大義」，也是「人倫之終始」。王弼《周易注》即云：「陰陽既合，長少又交，天地之大義，人倫之終始。」

（二）大象傳

《象》曰：澤上有雷①，歸妹。君子以永終知敝②。

直譯

《大象傳》說：大澤之上有雷聲大作，是〈歸妹卦〉的象

① 澤上有雷：此卦兌下震上，兌為澤，震為雷，故云。

② 永終知敝：永遠始終如一，知道弊病所在。終，承上文「人之終始」言。《雜卦傳》云：「〈歸妹〉，女之終也。」

徵。君子取法它，用來長為夫婦終身結好，知道淫佚的弊害所在。

補注

「永終知敝」，是說「知敝」能改，才可以「永終」，可見此卦是從「征凶，无攸利」取象。

三、爻辭及小象傳

一 初九：歸妹以娣①。跛能履②，征吉。

《象》曰：「歸妹以娣」，以恆③也。「跛能履」吉，相承④也。

直譯

初九爻辭：出嫁女子有妹妹陪嫁。她就像跛腳的人還能穿鞋走路一樣，只要肯前往，就吉祥。

《小象傳》說：所謂「歸妹以娣」，是因為肯守常道呀。所謂「跛能履」就吉祥，是表示她能和正室互相承應呀。

① 娣：女弟，即妹妹。此指陪嫁的少女。戰國以前，諸侯貴族嫁女，常以其妹陪嫁，古人稱為媵妾。以：與。

② 跛能履：雖跛腳而能穿鞋走路。跛：不良於行。能：而。履：鞋子。當動詞用。指穿鞋走路。此語亦見〈履卦〉六三。

③ 恆：常，恆常。指常道。

④ 相承：相助。指從嫁為妾，幫助正室做事。

二 九二：眇能視①。利幽人②之貞。

《象》曰：「利幽人之貞」，未變常③也。

直譯

九二爻辭：就像瞎了一隻眼睛卻還能看東西。有利於幽居側室的人固守常道。

《小象傳》說：所謂「利幽人之貞」，是表示並沒有改變恆常之道呀。

三 六三：歸妹以須①，反②，歸以娣。

《象》曰：「歸妹以須」，未當③也。

直譯

六三爻辭：出嫁女子時陪嫁的姊姊，被夫家遣送回來，又嫁

①眇能視：雖眇目而能視。眇：瞎眼。一說：瞎了一眼。指九二陽居陰位，位雖不正，但居中守陽，上應六五。此語亦見〈履卦〉六三。
②幽人：幽居之人，懷才不遇之人。指九二居下卦人位，位在四爻之下。
③未變常：未改變常道。即守正。

①須：通「嬃」、「嬬」。字義歧說不少，有作姊、長女、賤妾解者。一說：須，待也。（見《伊川易傳》）是說：等待出嫁。
②反：同「返」，遣返娘家。
③未當：還不適當。指六三以陰爻而居陽位，位置不正當。

出去，隨同年輕的妹妹。

《小象傳》說：所謂「歸妹以須」，是由於地位還不適當呀。

補注

孔穎軒《經學卮言》：「經義言：本宜歸妹，而乃以其姊，年不相當，故致反歸，更以娣行也。」

又，楊慶中《周易解讀》譯六三爻辭為：「等待出嫁為正室，不如嫁出為側室」，理解不同，但強調六三陰柔不正，主動想要出嫁則是一致的。此爻也就是下卦兌的主爻。

四 九四：歸妹愆期①，遲歸有時②。

《象》曰：「愆期」之志，有待而行③也。

直譯

九四爻辭：出嫁女子錯過了婚期，延遲出嫁有待適當的時機。

① 愆期：過時，延期。愆：超過，耽誤。此指九四與初九皆為陽爻，不能相應。有如找不到配偶。

② 遲歸：晚嫁。有時：另有時間安排，即有待時日。

③ 有待而行：有等到佳偶才出嫁。行：出嫁。

《小象傳》說：所謂「愆期」的心志，是表示等到有適當的對象才願意出嫁呀。

五 六五：帝乙歸妹①。其君之袂②，不如其娣之袂良；月幾望③。吉。

《象》曰：「帝乙歸妹」「不如其娣之袂良」也。其位在中④，以貴行⑤也。

直譯

六五爻辭：帝乙出嫁妹妹（小女兒）給諸侯。那諸侯夫人的衣袖，不像她陪嫁妹妹的衣袖漂亮，卻像月亮接近十五夜那樣的圓滿光輝。吉祥。

《小象傳》說：所謂「帝乙歸妹」，在強調「不如其娣之袂良」呀。她的地位在中正的尊位上，是以尊貴的身分出嫁呀。

①帝乙：即商紂的父親。參閱〈泰卦〉六五爻辭。《史記．殷本紀》：「帝乙立。殷益衰。」其嫁妹事，已不可確考。

②君：諸侯的夫人。諸侯互稱對方的夫人為君夫人。此指帝乙妹妹下嫁諸侯。袂：衣袖，袖口。借指服飾。

③月幾望：月亮快到農曆十五夜的晚上。一作「月既望」。既：已過。

④其位在中：指六五居上卦之中的尊位。

⑤以貴行：指六五下應九二，是以尊貴的身分出嫁。

補注

此爻以「帝乙歸妹」來說明卦象，表面是讚美，但實際上說的是女子下嫁，即上文所謂婚姻是出於女方主動。

六 上六：女承筐，无實①。士刲羊，无血②。无攸利。

《象》曰：上六「无實」，承虛筐也。

①承：用手持籃子。筐：竹籃，用來盛禮物或祭品。實：指禮物、祭品。

②士：未婚男子的通稱。刲：宰割。无血：所宰的羊沒有流血，不能用來祭祖。亦即失禮，歸妹不成。

直譯

上六爻辭：新婚的女子手提祭祖行禮時所用的竹筐，筐內卻沒有祭品禮物。年輕的男士宰割祭祀用的羊，羊竟然沒有流血。沒有什麼好處。

《小象傳》說：上六爻辭所說的「无實」，是表示新娘手上所提的是空筐子呀。

補注

《禮記‧昏義》云：「昏（婚）禮者，將合二姓之好，上以事宗廟，而下以繼後世也。」而宗廟之禮，據〈士昏禮〉云：「婦人三月而後祭行」，新婚的夫婦在婚後三月各有工作要做，主婦要「奉筐米」以事舅姑（公婆）；男士要「刲羊血」以告祠廟。如果這種祭祀禮儀沒做好，就會「无攸利」，可能做不成夫婦。

來知德《來氏易注》說得不錯：「凡夫婦祭祀，承筐而採蘋者，女之事也；刲羊而實鼎俎者，男之事也。今上與三皆陰爻，不成夫婦，則不能供祭祀矣。」所謂「不成夫婦」是說夫婦不能互相配合，有違陰陽相交之道。至於程頤《伊川易傳》所說的：「歸者，所以承先祖，奉祭祀。不能奉祭祀，則不可以為婦矣。」把責任全推到婦人身上，則是普遍存在於古代的一種「偏見」。

新繹

程頤《伊川易傳》云：「卦有男女配合之義者四：〈咸〉、〈恆〉、〈漸〉、〈歸妹〉也。」筆者以為〈咸〉、〈恆〉一組。說的是情能相感，一則「柔上而剛下」，一則「剛上而柔下」，皆能「二氣感應以相與」，「久於其道」；〈漸〉與〈歸妹〉一組，說的是情不相感，〈漸〉「剛得中」，須「漸進」而後交感，〈歸妹〉則「柔乘剛」，「天地不交，而萬物不興」。〈漸〉以鴻為象，鴻為候鳥，棲止無定，常隨季候遷徙，故有「夫征不復，婦孕不育」之喻；〈歸妹〉以娣嬬為言，娣嬬是陪嫁之「賤女」，有時會被「反歸」、「愆期」，而「歸妹」是下嫁，又以「柔乘剛」，故有「征凶，无攸利」之占。朱熹《周易本義》就說：「婦人謂嫁曰歸，妹，少女也。兌以少女而從震之長男，而其情又為以說而動，皆非正也。故卦為歸妹，而卦之諸爻，自二至五皆不得正，三、五又皆以柔乘剛，故其占征凶而無所利也。」

六五「帝乙歸妹」一事，已見〈泰卦〉六五。帝乙，殷紂之父。相傳他曾嫁少女（小女兒）於周文王，但這件事見諸古文獻的記載，說法頗為分歧，出入很大。例如：一般把帝乙歸妹的「妹」解作「少女」的通稱，是父嫁其女；而李鼎祚《周易集解》所引虞翻之說：「震為兄，兌妹，故嫁妹」，所引干寶之說：「歸妹者，衰落之女也，父既沒矣，兄主其禮，子續父業，人道所以相終始也。」說的則是兄嫁其妹。因此，像程頤《伊川易傳》所說的：「帝乙，制王姬下嫁之禮法者也。自古帝女雖皆下嫁，至帝乙，然後制為禮法，使降其尊貴以順從其夫也。」誠不知有何證據，應是出於他的「想當然耳」。也因此歷來學者解說此事，多泛泛言之，甚至置而不論。直到顧頡剛在《古史辨》第三冊發表〈周易卦爻辭中的故事〉一文，才引起學界廣泛的注意和熱烈的討論。

顧頡剛引用《詩經．大雅．大明》的「文王嘉止，大邦有子。大邦有子，俔天之妹」等等，認為與「帝乙歸妹」有關。「大邦有子，俔天之妹」即指「歸妹」而言。而且他把其中如「有命自天，命此文王，于周于京。纘女維莘，長子維行，篤生武王」等句，推測為「大邦之子，或死或大歸，而後文王續娶於莘，遂生武王。」意思是說：帝乙歸妹是確有其事，但她和文王的婚姻似乎出了問題，她可能因下嫁而驕奢，不守婦道，因而後來死了或被遣送回國，所以文王才又續娶了有莘國之君的女兒，即大姒，生了武王。

顧頡剛的推測是值得重視的，因為唯其如此，〈歸妹卦〉的卦辭才會占斷為「征凶，无攸利」，爻辭從初九的「歸妹以娣，跛能履」到上六的「女承筐，无實」，《彖傳》、《象傳》才會常常正言若反，說是「天地不交，而萬物不興」，說是「君子以永終知敝」，暗示此一男女結合的最後，是一場政治婚姻的悲劇。

五十五、豐卦

解題

豐，原指古代一種祭祀行禮時所用的器具，古字同「豊」。祭祀宜豐盛，故引申有盛大、充滿之意。《序卦傳》云：「豐者，大也。」即此意。又，《雜卦傳》云：「〈豐〉，多故也。」則另一義，蓋由祭祀鬼神儀式物品之多，引申而有事故亦多之意。

此卦以六五為主爻。

一、卦形、卦體

䷶離下震上

【卦形淺說】

卦體震上離下，震為雷，離為電，雷電交加，威力強大，懾人心魄。有威明之象。

卦性震為動，離為明，動而明，明而動，是日中之象。

卦德在人倫上，震為長男，離為中女。

二、卦名、卦辭

豐①：亨。王假之②，勿憂，宜日中③。

直譯

〈豐卦〉象徵充滿盛大：亨通。君王都已到了宗廟了，不用擔心，適合日正當中，陽光普照。

補注

孔穎達《周易正義》云：「豐亨之道，王之所尚，非有王者之德，不能至之，故曰王假之也。」程頤《伊川易傳》也說：「極天下之光大者，唯王者能至之。」既言「王假之」，是表祭祀的物品豐盛；既言「宜日中」，是表示宜如日在中天，普照四方。而且強調要一直保持著它，「宜」的意義在此。

（一）彖傳

《彖》曰：「豐」，大也。明以動①，故豐。「王假之」，尚大②也。「勿憂，宜日中」，宜照天下也。

注釋

① 豐：古代豐、豊二字無別。按，「豐」原是古代祭祀用的禮器。許慎《說文解字》：「豐，豆之豐滿者也。」它在古文字中，與「豊」沒有分別，都「从豆，象形」，是盛肉類的食器。就器具言，稱「豊」；就所盛物品言，稱「豐」。

② 王假之：帛書本無「之」字。假：格，至。至於廟。一本句前有「无咎」二字。

③ 宜日中：適合日正當中。是說主爻六五，以陰柔居尊位，有如日正當中，盛明廣照。

日中則昃③，月盈則食④。天地盈虛，與時消息⑤。而況于人乎？況于鬼神乎？

直譯

《彖傳》說：〈豐卦〉的豐，意思就是盛大呀。光明而又靈動，所以稱為豐。所謂「王假之」，是表示君王重視盛大的祭祀呀。所謂「勿憂，宜日中」，是表示要像正午陽光才適合遍照天下萬物呀。太陽過了中午就會開始西斜，月亮圓滿以後就會開始虧缺。天地萬物的盈虧變化，都隨著四時節令一同消長增減。更何況是萬物之靈的人呢？何況是天地之間的鬼神呢？

補注

「日中則昃，月盈則食。天地盈虛，與時消息。」孔穎達《周易正義》云：「此孔子因豐設戒」，朱熹《周易本義》云：「此又發明卦辭外意，言不可過中也。」皆於我心有戚戚焉。

① 明以動：此卦離下震上，離為日為明，震為動，故云。
② 尚大：崇尚大事。大：大事，指祭祀與征伐。一說：祭祀求其隆重豐盛。
③ 昃：太陽西斜。或作「昊」、「稷」，古通用。
④ 食：通「蝕」，指月缺。
⑤ 與時消息：盈則與時而息，虛則與時而消。

(二)大象傳

《象》曰:雷電皆至①,豐。君子以折獄致刑②。

①雷電皆至:雷電交加。此卦震上離下,震為雷,離為電,故云。

②折獄致刑:是說取法雷電交加之震懾人心,藉以執行法令。折獄:判案。致刑:行刑。

直譯

《大象傳》說:迅雷閃電都一齊來了,這是〈豐卦〉的象徵。君子效法它,用雷電之威來審判訟案,執行刑罰。

補注

本卦卦象是下離上震,〈噬嗑卦〉是下震上離,彼此互錯,陰陽正好相反。兩卦的卦象,震為動,離為明,上下顛倒,《大象傳》以為都可用之於說明斷獄施刑的道理。二者的差異,朱子有云:「〈噬嗑〉明在上,動在下,是明得事理,先立這法在此,未有犯底人,留待異時而用,故云明罰飭法;〈豐〉威在上,明在下,是用這法時,須是明見下情曲折方得。不然,威動於上,必有過錯也,故云折獄致刑。」見《朱子語類》。

三、爻辭及小象傳

一 初九：遇其配主①，雖旬无咎②。往有尚③。

《象》曰：「雖旬无咎」，過旬④，災也。

直譯

初九爻辭：遇見它地位匹配的對象，雖然過了十天也沒有災殃。前往會得到崇尚。

《小象傳》說：所謂「雖旬无咎」，是表示過了十天，就會有災殃呀。

補注

現存甲骨文有所謂「貞旬卜辭」，以干支紀日，在每十天的最後一天癸日來貞卜未來十天的吉凶，無一例外。例如，著名的牛骨刻辭：「癸未卜，㱿貞：旬亡禍？王占曰：㞢，乃茲有祟。」即其一例。亡禍，即无咎。

---

① 遇其配主：遇見它地位正配的對象。其：指初九。配主：指九四。配：一作「妃」，帛書本作「肥」，皆通假字。

② 雖旬无咎：雖然過了十天也沒有災禍。商王重卜祀，每十天的最後一天癸日，預卜未來十天的吉凶。一說：旬，均。指初九、九四同為陽爻。

③ 往有尚：前往是好事，會得到尊敬。指初九上應九四，皆為陽爻。尚：重視，獎賞。

④ 旬：十天。殷人卜吉凶，每以十天為一期。

二 六二：豐其蔀①，日中見斗②，往得疑疾，有孚發若③，吉。

《象》曰：「有孚發若」，信以發志④也。

① 蔀：原指用來遮蔽光線的物品。此指草蓆帷幕之類的遮蔽物。指六二上應六五，不為六五所喜。

② 日中見斗：日蔽雲中。日正當中的午時，可以看到北斗星。見：同「現」。斗：一作「主」。

③ 有孚發若：誠信能夠順利表現出來。若：然，樣子。若有順的意思。

④ 信以發志：誠信足以表現心意。

直譯

六二爻辭：到處充斥著那些遮蔽陽光的簾幕，像太陽當空的中午卻出現北斗星，前往會得到多疑的疾病，但如果誠信能夠表現出來，獲得信任就吉祥。

《小象傳》說：所謂「有孚發若」，是表示誠信足以表達心意呀。

補注

「豐其蔀，日中見斗」，筆者以為是指：建築物求其高大，物品求其豐盛，裝飾求其華麗，例如草蓆帷幕之類的遮蔽物太多了，遮蔽了陽光，一片黑暗，即使是日正當中的正午，也會懷疑是在晚上，可以看到北斗星一般。

㊂九三：豐其沛①，日中見沬②；折其右肱③，无咎。

《象》曰：「豐其沛」，不可大事④也。「折其右肱」，終不可用也。

①沛：或作「旆」、「芾」（見《經典釋文》）。帷幔、草簾之類，用以遮蔽日光。
②沬：斗杓後星，即小星。一說：音「妹」，昏昧。
③肱：一作「股」。股、肱音近義相通。帛書本作「弓」，與「肱」音同。
④不可大事：指九三上應上六，而上六柔弱無位。

直譯

九三爻辭：到處充斥著那些像是旗旆帷幔的遮蔽物，就像日正當中卻出現許多小星星；又像是折斷了右手臂，但沒有災禍。

《小象傳》說：所謂「豐其沛」，是表示不認同大事呀。所謂「折其右肱」，是表示終究不能重用呀。

補注

沛字古通「旆」、「芾」，皆指用來遮蔽日光的帷幕簾棚之類。「豐其沛」指這些帷幕簾棚一大片，但陽光卻像小水珠灑得滿地都是。「日中見沬」的「沬」通「頮」、「靧」，指用手以水洗臉。用手以水洗臉時，容易濺起小水珠，故古人又把沫、昧解作「星之小者」。

四九四：豐其蔀，日中見斗。遇其夷主①，吉。

《象》曰：「豐其蔀」，位不當②也。「日中見斗」，幽不明也。「遇其夷主，吉」，行③也。

①夷主：地位平等的對象。指初九。九四與初九皆陽爻，並同處卦之卑位，有如賓主。一說：作客所寄寓之主人。

②位不當：指九四以陽爻居陰位，是失位不正。

③吉，行：一讀作「吉行」，指陽剛相遇，吉，可出行。一說：「行」應作「志行」，句脫「志」字。

直譯

九四爻辭：到處充斥著那些遮蔽陽光的簾幕，像日正當中卻出現北斗星。遇見他志同道合地位相同的對手。吉祥。

《小象傳》說：所謂「豐其蔀」，是由於地位不適當呀。所謂「日中見斗」，是由於幽暗不明呀。所謂「遇其夷主，吉」，是由於他有所行動呀。

補注

此卦九四和六二爻辭同樣都是「豐其蔀，日中見斗」，但一則「遇其夷主，吉」，一則「往得疑疾」，這是表示六五陰柔不正，九四屈居其下，有如「日中見斗」，黑暗不明。九四雖然以陽爻而居陰位，失位不正，但他原是大臣的地位，僅次於六五的君位，如果他肯採取行動，尋求志同道合的朋友如初九的輔助，就會吉祥。

五 六五：來章①，有慶譽②。吉。

《象》曰：六五之「吉」，有慶也。

直譯

六五爻辭：招來光彩的，獲得賢明的人才，能得到喜慶和讚美。吉祥。

《小象傳》說：六五爻辭所謂的吉祥，是表示有喜慶之事呀。

①來章：比喻招來賢才。章：文彩，文明。六五雖陰柔，但居中位尊，若能下應六二，即用賢才，則可彰顯美德，有慶譽之事。

②有慶譽：一作「有慶，譽」。譽：通「豫」，安樂。

❻上六：豐①其屋，蔀其家，闚②其戶，闃其③无人。三歲不覿④。凶。

《象》曰：「豐其屋……」⑤，天際翔⑥也。「闚其戶，闃其无人……」⑦，自藏⑧也。

①豐：《說文》引作「寷」。指大屋而言。
②闚：同「窺」。
③闃其：寂然。其：然。
④覿：音「敵」，見。
⑤豐其屋：「豐其屋，蔀其家」二句的省文。
⑥天際翔：翔，借為瘵病。一作「祥」。指吉凶的徵兆。一說：形容其屋宇高大，如鳥翔於天際。
⑦闚其戶二句：上六爻辭「闚其戶」以下之省文。
⑧藏：隱而不見。一作「戕」。

直譯

上六爻辭：高大的是他的房屋，隱蔽的是他的堂室，偷窺的是他家的門戶，感覺到寂靜無人的樣子。已經三幾年沒見過面了。凶險。

《小象傳》說：所謂「豐其屋」云云，是表示天降災害的徵兆呀。所謂「闚其戶，闃其无人」云云，是由於他自己隱藏不見呀。

補注

《序卦傳》說：「豐者，大也。窮大者必失其居」，正指此爻而言。上六以陰爻而居上位，猶如陰柔的小人得意之後，住在高大的屋子裡，卻把自己封閉起來，不與人交往，最後孤立了自己。

新繹

「豐」字從「豆」，原指祭祀時用以盛肉的一種禮器，所以〈豐卦〉可與祭祀神明有關。又，《雜卦傳》說：「〈豐〉，多故也；親寡，〈旅〉也。」多故一詞，對照〈旅卦〉的「親寡」，「親寡」是說人在旅途親友少，則「多故」應指家昌族盛之人家，事故亦多。也因此有人講〈豐卦〉，專從古代喪禮的角度來看，甚至認為卦爻辭中所談的，都與喪禮中所搭建的靈棚有關。這真的有些求之過深，失之偏頗了。

筆者以為《周易》的取象設喻，基本上是抽象的，即使有實象可言，亦多言在此而意在彼，希望讀者能舉一反三，而不是執一而求。因此，對於〈豐卦〉，筆者寧可採取黃壽祺等《周易譯注》所寫的一段總論文字：

> 本卦雖取名於豐美碩大，卻深誡：求豐不易，保豐更難。……綜觀六爻大旨，凡處上下卦之極者，並為過豐損德之象，故三、上兩爻雖陰陽有應，或不免「折肱」，或終致凶險；凡在下守中者，均為謹慎修己以求豐保豐之象，故初、二、四、五諸爻，雖陰陽不應，卻多吉祥，而六五之言，尤為純美。《折中》引熊良輔曰：當豐大之時，以同德相輔為善，不取陰陽之應也。

五十六、旅卦

解題

旅，本義是眾，象人聚集旗下，藉指同一陣營的軍人或商人，後來引申為出門在外，作客他鄉。古人稱為羈旅、客寄。《雜卦傳》：「親寡，〈旅〉也。」親寡，表示在外舉目無親，孤苦無助，故宜小心謹慎，自求多福。

此卦以六五為卦主，與〈豐卦〉是綜卦。〈豐卦〉是豐盛太過，此卦是流離失群，互為因果。

一、卦形、卦體

䷷艮下離上

【卦形淺說】

卦體離上艮下，離為火，艮為山，火在山上燃燒蔓延，象旅人在旅途不停趕路，勢非長久，有旅之象。

就卦性言，離為明，艮為止。火在高處，明無不照，唯勢不可久，知不可恃，故見明而止，有慎之象。

二、卦名、卦辭

旅：小亨①。旅貞吉②。

直譯

〈旅卦〉象徵作客、遠行：小心就亨通。出門遠行能堅守正道才吉祥。

注釋

① 小亨：小則亨。小：稍為。此兼指小心。

② 旅貞吉：旅貞則吉。

（一）彖傳

《彖》曰：「旅，小亨」，柔得中乎外，而順乎剛；①止而麗乎明②，是以「小亨，旅貞吉」也。旅之時義大矣哉！

直譯

《彖傳》說：所謂「旅，小亨」，是由於柔弱者得居中位，

① 柔得中：指六五主爻以陰爻居外卦之中位。得中：得居中位。外：外卦，上卦。順乎剛：順從上下的陽爻。

② 止而麗乎明：此卦艮下離上，艮為山為止，離為明為麗，故云。比喻內有所不為，外不受猜疑。

在上卦之中，而又能順從於上下剛健者；既能適可而止，又能附麗於光明之中，因此「小亨，旅貞吉」呀。〈旅卦〉的時機適當的意義，真是太重要了啊！

（二）大象傳

《象》曰：山上有火①，旅。君子以明慎用刑②，而不留獄③。

①山上有火：此卦艮下離上，艮為山，離為火，故云。

②明慎用刑：明辨是非而慎用其刑。「明」釋〈離卦〉火之象。「慎」釋〈艮卦〉山之象。

③不留獄：不拖延訟案的審判。「留」取〈艮卦〉遇山則止之象。

直譯

《大象傳》說：山上多草木，有火在燃燒，這是〈旅卦〉的象徵。君子取法它，用來像火一般明辨、像山一般慎重的執行刑罰，而且不拖延訴訟案件。

三、爻辭及小象傳

一

初六：旅瑣瑣①，斯其所取災②。

《象》曰：「旅瑣瑣」，志窮③災也。

直譯

初六爻辭：出外遠行時瑣瑣屑屑，這是自取其禍。

《小象傳》說：所謂「旅瑣瑣」，是由於志向不遠大所釀成的災害呀。

補注

程頤《伊川易傳》說：六是陰爻柔弱之人，初六是「處旅困而在卑賤，所存污下者也。志卑之人，既處旅困，鄙猥瑣細，無所不至，乃其所以致侮辱，取災咎也。瑣瑣，猥細之狀。當旅困之時，才質如是，上雖有援，無能為也。」解釋得很好。

① 瑣瑣：小器，瑣碎卑微的樣子。

② 斯：此，這。帛書本即作「此」。一說：通「廝」，賤役。其所取災：自取其禍。

③ 志窮：志向低下不遠大。

二 六二：旅即次①，懷其資②，得童僕貞③。

《象》曰：「得童僕貞」，終无尤④也。

直譯

六二爻辭：出外遠行、投宿客店時，如果身上帶著自己的財

① 即：就。次：舍，客店。

② 資：財物。

③ 童僕：年幼或老大的佣人。貞：正，正派。

④ 終无尤：終無過失。指六二以柔居中而正。

物，必須跟從的侍童老僕忠厚老實，肯守正道。

《小象傳》說：所謂「得童僕貞」，是表示最後才不會有怨尤呀。

補注

按，古人旅行在外，有客店可以投宿，有足夠的錢財可供花用，有忠實的僮僕可供使喚，這是最理想的三大要件。

三 九三：旅焚其次，喪①其童僕，貞厲。

《象》曰：「旅焚其次」，亦以傷矣②。以旅與下③，其義喪矣④。

直譯

九三爻辭：出外遠行時遇見火災，燒掉他所投宿的客店，喪失了他隨身的僮僕，即使肯守正道也危險。

①喪：失去。例如逃亡、辭職之類。

②亦以傷矣：也算因此受到傷害了。

③以旅與下：把屬下童僕也當作旅客。與下：對待童僕。句上似應有「喪其童僕」云云。

④其義喪矣：就道理言，喪失「以旅與下」之貞。指九三以陽居陽，下乘六二，有剛正太過而歧視下屬之嫌。

《小象傳》說：所謂「旅焚其次」，自己也總是因而受到傷害了。自己用旅行的名義來對待下屬僮僕，就道理說，那也該喪失了。

四 九四：旅于處①，得其資斧②，我心不快③。

《象》曰：「旅于處」，未得位也④。「得其資斧」，心未快也。

直譯

九四爻辭：出外旅行，在野外臨時所投宿的地方，即使得到利斧可以斬除荊棘，自己的內心也不會快樂。

《小象傳》說：所謂「旅于處」，是表示尚未找到適當的地方呀。所謂「得其資斧」，是表示內心還是不快樂呀。

補注

屈萬里師云：「山上有火，為旅人在山上炊食之象。」古人

①處：古人旅行的住處，通常是在野外露宿。一說：指客店。

②資斧：即利斧。資：一作「齊」，利。斧：斤斧，斧頭。一說：指錢財。資：財物。斧：古代斧形的錢幣。

③我心不快：我，指九四自己。是「雖信美而非吾土」的意思。一說：快，反訓為「苦」。

④未得位也：指九四以陽爻居陰位。與初六相應，初六又太柔弱。

旅行，有時在野外露宿，故作如此解釋，也因此把九四爻辭「得其資斧」的「資斧」，解釋為利斧，指野外紮營露宿時，用斧頭砍取木石、清理現場。王弼《周易注》：「斧，所以斫除荊棘，以安其舍者也。」九四以陽處陰，是失位而居山之上，山多草木，故需以資斧除之。可見屈老師這樣解釋，有其道理。

五 六五：射雉①，一矢亡②，終以譽命③。

《象》曰：「終以譽命」，上逮④也。

直譯

六五爻辭：像射殺山雞，一箭就射中死了，終於得到榮譽和任命。

《小象傳》說：所謂「終以譽命」，是由於君上注意到了。

---

① 射雉：射山雞。引申有獵取榮譽之意。〈離卦〉象雉，六五居〈離卦〉之中尊位，有如山雉，羽毛最美。

② 一矢亡：一箭即中的意思。一說：只丟失了一支箭。

③ 以：及，獲得。譽命：光榮的任命。

④ 上逮：達到上位。一說：君上知道了。逮：及。

六 上九：鳥焚其巢①，旅人先笑後號咷。喪牛于易②。凶。

《象》曰：以旅在上③，其義焚也④。「喪牛于易」，終莫之聞也⑤。

① 鳥焚其巢：離為火為鳥，上九處上卦離之極，象野鳥在火之上，無棲身之所。

② 喪牛于易：參閱〈大壯卦〉六五爻辭。

③ 以旅在上：因為旅居在樹的最上方。句前似應有「鳥焚其巢」，句後似應有「旅人先笑……」。

④ 其義焚也：一作「宜其焚也」。有幸災樂禍之意。

⑤ 喪牛于易：一作「喪牛之凶」。終莫之聞：是說始終無人恤問這件事。

直譯

上九爻辭：像飛鳥因為燒掉了牠的巢，無家可歸了；旅行在外的人，先是快樂歡笑，後來卻號啕大哭。殷王亥喪失了他所牧養的牛，在他客居的易地。凶險。

《小象傳》說：（所謂「鳥焚其巢」，）是由於棲息在最上方，按道理就容易被燒掉呀。所謂「喪牛于易」，是表示（地位太高）最後沒有人會同情提到這件事呀。

補注

飛鳥築巢，選在樹梢；旅人出遊，先是歡樂，但一旦出事，居高者危，樂極者悲。所謂「美服患人指，高明逼神惡」，有人會幸災而樂禍。

陸德明《經典釋文》云：「喪牛于易」一本作「喪牛之凶」。配合經文看，王亥喪牛于易，因其位尊名高，高而見嫉，更會無人恤問，故以作「喪牛于易」者為是。

新繹

〈豐〉、〈旅〉互綜成對。豐的本義是盛大，旅的本義是眾多。〈豐〉常用於家族對祖先的祭祀，求其豐盛；〈旅〉常用於行人離家出外遠征，怨其失群。

〈豐卦〉和〈旅卦〉都以六五為卦主，同樣以陰居陽。五是君位，而〈豐卦〉以下應六二為文明之主，〈旅卦〉則以上承上九而獲得譽命，它們是同中有異，歷來學者多從其六爻的位次，論其吉凶，言其得失。茲錄二家之說，供讀者參考。

范仲淹從六爻的位次論旅人之吉凶：「夫旅人之志，卑則自辱，高則見嫉，能執其中，可謂智矣。是故初『瑣瑣』而四『不快』者，以其處二體之下，卑以自辱者也；三『焚次』而上『焚巢』者，以其據二體之上，高而見嫉者也；二『懷資』而五『譽命』，柔而不失其中者也。」頗有見地。「卑以自辱」、「高而見嫉」二語，尤為警句。

蔣悌生《五經蠡測》則云：「凡卦爻陽剛皆勝陰柔，惟〈旅卦〉不然。二、五皆以柔順得吉；三、上皆以陽剛致凶。蓋人無棲身之地，不得已而依於他人，豈得恃其剛明？」又說：「六爻，六五最善，二次之；上九最凶，三次之。九四雖得其處，姑足以安其身而已。……豈得盡遂其志？」范仲淹戒卑高而取中道，蔣悌生言陰柔有時勝陽剛，立意看似不同，而實相成。

五十七、巽卦

解題

巽，即順從、謙遜。主要表現在待人接物的行為態度上。謙遜是美德，會受人歡迎，但過度謙遜，則近於卑弱，故只得「小亨」。

九五爻為主爻，《彖傳》所謂「剛巽乎中正而志行」者，居尊位乃能「申命行事」。

一、卦形、卦體

䷸巽下巽上

【卦形淺說】

卦體上下皆巽，巽象為風，其性為順，兩風相隨，故有隨風之象。

又，風行大地，無所不入，《說卦傳》：「巽，入也。」《雜卦傳》則以〈巽〉〈兌〉互綜，說是：「〈兌〉見（現）而〈巽〉伏也。」巽本來就有伏之象。

二、卦名、卦辭

巽：小亨①。利有攸往②，利見大人。

直譯

〈巽卦〉象徵謙讓順從：小亨通。宜於有所作為，有利於出現大人物。

注釋

① 小亨：是說以卑順自居就能亨通，但過度謙遜，缺乏創造力、進取心，成就必然不大，故云小亨。

② 利有攸往：利於有所行動。有：一作「用」。

補注

〈巽卦〉和〈兌卦〉互綜，它們是一組。〈巽卦〉是一陰在二陽之下，有順從卑伏之象；〈兌卦〉是一陰在二陽之上，有和樂喜悅之象。《雜卦傳》所謂「〈兌〉見而〈巽〉伏也」。

(一)彖傳

《彖》曰：重巽以申命①。剛巽乎中正而志行，柔皆順乎剛。②是以「小亨。利有攸往，利見大人」。

① 重巽以申命：上下都謙順，來申覆命令。重巽：指上下都是〈巽卦〉。申命：重複布達命令。申：重。上順道而命，下順命而行。

② 剛巽乎中正二句：指九五以陽爻居中正之位，而初六、六四皆承順於諸陽爻之下。

直譯

《彖傳》說：上下都能謙順來申覆布達命令。陽剛者能謙順的守著中正之道，而其心志可以順利進行；陰柔者也都能順從於陽剛者的領導。因此說可以「小亨。利有攸往，利見大人」。

補注

郭京《周易舉正》以為「重巽以申命」下，原有「命乃行也」一句，後竄入王弼《周易注》中。

宏一按，核對王弼《周易注》，其說是。

（二）大象傳

《象》曰：隨風①，巽。君子以申命行事②。

直譯

《大象傳》說：風隨著風前後相續不斷吹來，這是〈巽卦〉的象徵。君子效法它，用如風之行來申覆命令，推行政務。

補注

《論語．顏淵篇》：「君子之德風，小人之德草，草上之風

①隨風：和風陣陣吹來。此卦上下都是〈巽卦〉，巽為風為順，二風相繼，故云。

②申命行事：申覆命令，推行政務。申：有重複之意。命令往往需要重複，所謂三令五申，才能貫徹實行。

必偃。」〈毛詩序〉：「風，風也，教也。風以動之，教以化之。」古人所謂風化，都是在闡述這個道理。

三、爻辭及小象傳

一

初六：進退①。利武人之貞②。

《象》曰：「進退」，志疑也。「利武人之貞」，志治③也。

①進退：進進退退。形容猶疑不決。指初六以陰爻居下位，柔弱無定見。

②武人之貞：勇武之士的固守常道。是說勇敢果斷。

③志治：意志堅定。與「志疑」恰好相反。一說：治，平、修。即整頓、改造。

直譯

初六爻辭：進進退退沒有作為。應該像勇武之士那樣的堅守常道。

《小象傳》說：所謂「進退」，是表示意志猶疑不決呀。所謂「利武人之貞」，是表示意志堅定不移呀。

補注

「進退」，表示猶疑不決，患得患失。從爻位上看，初六陰居陽位，在一卦之下，又與六四無應，故有進退兩難之象。「利武人之貞」，是說上述猶疑不決的情形，乃由於卑順太過的緣故，如果能像武人剛貞一些就好了。朱熹《周易本義》即云：「若以武人之貞處之，則有以濟其所不及，而得其宜矣。」

二

九二：巽在牀下①，用史巫紛若②，吉，无咎。

《象》曰：「紛若」③之「吉」，得中④也。

直譯

九二爻辭：卑伏在牀下，如果很有誠意的採用史官巫覡多數的意見，就可以吉祥，沒有災禍。

《小象傳》說：九二爻辭所謂「用史巫紛若」的吉祥，是由於它還能居中守正呀。

補注

九二以陽處陰，柔順有餘，而剛健不足，似有不安之意，但能用史巫以祝禱祈福，則猶守中正之道，故「吉，无咎」。

① 巽在牀下：卑伏在牀下。《雜卦傳》：「〈巽〉，伏也。」指九二以陽爻而處陰位，是失位不正，遇事怯弱。

② 史：史卜。巫：巫祝。史巫：古代史官和巫醫卜祝，都是帝王身邊占卜祝禱的官員。前巫而後史。紛若：眾多紛雜的樣子。

③ 紛若：爻辭「用史巫紛若」的省文。

④ 得中：指九二居下卦之中，故能申命行事，與九五為卦主。

高亨《周易大傳今注》：「爻辭言病人伏在牀下，當是室中有鬼魅，病人驚懼，用史巫釁之可愈，則吉而無咎矣。」此雖為迷信之說，卻是古代舊社會的一種習俗。

三 九三：頻巽①，吝。

《象》曰：「頻巽」之「吝」，志窮②也。

①頻巽：時常謙順，有過於勉強之意。頻：屢，時常。一說：頻，通「顰」，蹙眉頭。巽，伏而不出。

②志窮：是說不能依照自己的志願行事。指九三陽爻居陽位，雖正而不中，過於剛強，又處六四陰爻之下，為六四所乘，故屢失而屢巽，是可吝也。一說：計慮已窮。按，「志窮」與「志行」對。

直譯

九三爻辭：常常謙順過了頭，會有憾恨。

《小象傳》說：所謂「頻巽」的憾恨，是由於心志困頓呀。

補注

王弼注「頻巽」云：「頻，頻蹙不樂而窮不得已之謂也。」則頻有二義：一通「顰」，顰蹙眉頭，悶悶不樂；一通屢屢、常常，表示「頻失而頻巽」。常常謙遜，就表示有時不謙順。

帛書本「頻巽」作「頻筭」。「筭」通「算」，即算卦。亦通。

四 六四：悔亡①。田獲三品②。

《象》曰：「田獲三品」，有功也。

直譯

六四爻辭：悔恨消失了。田獵時，獲得了三樣成果。

《小象傳》說：所謂「田獲三品」，是表示建立了功勞呀。

補注

程頤《伊川易傳》：「四之地，本有悔，以處之至善，故悔亡而復有功。天下之事，苟善處，則悔或可以為功也。」朱熹《周易本義》也說六四「陰柔無應，承乘皆剛，宜有悔也。而以陰居陰，處上之下，故得悔亡。」都以為六四本應有悔的，但因以陰爻居陰位，又甘居九五之下，因此不但無悔，而且還「田獲三品」，反而有功了。這都是由於善於處理的緣故。

①悔亡：指六四與初六無應，雖乘九三，有乘剛之悔，但因上承九五，居其下，故得悔亡。

②田：通「畋」，田獵。三品：三種，三類。

又，所謂「三品」，據王弼《周易注》云：「一曰乾豆，二曰賓客，三曰充君之庖。」意思是表示打獵所得，可以有的放在豆類食器內，用來祭祀祖先；有的用來宴會賓客；有的填滿君王的庖廚。其他還有指三種動物等等的不同說法。不贅引。

五 九五：貞吉，悔亡，无不利。无初有終①。先庚三日，後庚三日，②吉。

《象》曰：九五之「吉」，位正中③也。

①无初有終：沒有好的開頭，卻有好的結果。

②先庚三日：指丁日。後庚三日：指癸日。古人以干支紀日，庚日的前三天即丁，後三天即癸。庚：音叶「更」，有「變更」之意。癸：音叶「揆」，有「揆度」之意。

③位正中：是說九五之位，居中得正。

直譯

九五爻辭：固守常道可以吉祥，悔恨之事可以消失，沒有什麼不吉利。雖然沒有好的開頭，卻有好的結果。在庚日的前三天，以及庚日的後三天，反覆揆度籌畫，行事吉祥。

《小象傳》說：九五爻辭所說的吉祥，是由於所處的位置，履正而守中呀。

補注

程頤《伊川易傳》：「庚者，變更之始也。十干，戊、己為中，過中則變，故謂之更。事之改更，當原始要終，如先甲後甲之義，如是則吉也。解在〈蠱卦〉。」

六 上九：巽在牀下①，喪其資斧②。貞凶。

《象》曰：「巽在牀下」，上窮③也。「喪其資斧」，正乎凶④也。

直譯

上九爻辭：卑伏在牀下，喪失了他用來齊物的利斧。雖然固守正道，卻惹來災禍。

《小象傳》說：所謂「巽在牀下」，是由於上面已到窮困的境地呀。所謂「喪其資斧」，是表示正處乎凶險之中呀。

① 巽在牀下：已見前注。

② 資斧：見〈旅卦〉九四爻辭注。資，一作「齊」。齊斧，用來齊物之斧。即利斧。一說：指財貨錢幣。已見前。

③ 上窮：指上九居上卦之極。

④ 正乎凶：正是在凶險之中。正：當。此承「貞凶」而言，表示雖守正道，卻惹來災殃。

補注

卑伏只是一時的權宜之計，但一直卑伏，不知適時而動，就會凶多吉少。

新繹

李光地《周易折中》引明代蘇濬之說：「巽者，入也。然所謂入者，豈徒借口於迂徐漸次之功，以濟其因循悠緩之習已耶？是故武人之貞，不可弛也；三品之獲，不可後也；史巫紛若，不以為激也；先庚後庚，不以為煩也。《傳》曰：〈巽〉以行權。」

「〈巽〉以行權」一語，出自《繫辭下傳》，說的是外柔內剛的道理。全卦以九二爻、九五爻為主。九二之〈巽〉，柔中有剛；九五則不僅有「變更」之象，而且又互六四、九三為〈離〉，有文明之象，有成就之象。程頤《伊川易傳》即云：「命令之出，有所變更也。無初，始未善也；有終，更之始善也。」變更和不變更不是絕對的，只要順乎天應乎人，一切都可以行權。

五十八、兌卦

解題

兌，同「悅」，即喜悅、和樂。兌亦通「說」，說話誠懇，交談得當，不但使別人快樂，自己也快樂。

〈兌卦〉和〈巽卦〉是綜卦。〈巽〉主行為謙遜，使別人快樂，自己也因而皆得喜悅，互為因果。

本卦以六二、六五為卦主。

一、卦形、卦體

䷹兌下兌上

【卦形淺說】

卦體上下皆兌，兌象澤，澤是〈坎卦〉下流的水堵塞了，上面的水加倍增多了，可以滋養萬物，因而充滿生機和樂。其象引申為羊，為少女，為巫，為妾。就身體而言，兌為口，即指說話。

二、卦名、卦辭

兌：亨，利貞。

直譯

〈兌卦〉象徵喜悅和樂：亨通，宜於守正。

補注

〈兌卦〉和〈巽卦〉是綜卦，「〈兌〉見而〈巽〉伏」；〈兌卦〉和〈艮卦〉又是錯卦，〈兌卦〉是一陰在二陽之上，〈艮卦〉則是一陽在二陰之上。兌象為澤，艮象為山，它們代表湖光山色，可以供人觀賞。乾坤、震巽、坎離、艮兌是所謂八純卦，在邵雍先天《易》學的體系中，〈乾卦〉和〈兌卦〉在四象中屬於「太陽」，如果拿〈兌卦〉與〈乾卦〉比，〈乾卦〉是純陽，卦象是「元亨利貞」，而〈兌卦〉則是「亨利貞」，少了「元亨」的「元」。元即原、大、善，有「大通」之義，故〈兌卦〉較之〈乾卦〉，少的就是乾元的一點陽剛之氣。

（一）彖傳

《彖》曰：兌，說①也。剛中而柔外②，說以「利貞」，是以順乎天而應乎人。說以先民③，民忘其勞；說以犯難，民忘其死。說之大，民勸④矣哉！

直譯

《彖傳》說：〈兌卦〉，意思是交談喜悅呀。剛正在內而柔順在外，交談喜悅而宜於守正，因此順應了天理，而且也順應了人情。交談喜悅在先，以此領導人民，人民會不在意他們工作的勞苦；交談喜悅的來教人民冒險犯難，人民會忘記他們生死的危險。交談喜悅的作用之大，是由於人民受到鼓勵了啊！

（二）大象傳

《象》曰：麗澤①，兌。君子以朋友講習②。

注釋

① 說：同「悅」，指交談和樂。

② 剛中而柔外：內剛而外柔的意思。此卦居上下卦中位的，都是陽爻；而居三爻上爻的都是陰爻。故云。剛指九二、九五，柔指六三、上六。

③ 先民：在人民之先，即領導人民。

④ 勸：勉，勉勵。

① 麗澤：此卦上下卦體都是兌，兌為澤，澤水附麗在澤水之上，故云。麗：附麗，相依。

② 朋友講習：形容澤水相連，有如朋友在互相討論學習。古人說：「同門曰朋，同志曰友。」《說卦傳》：「兌為口」，口即口說，即交談，故有講習之象。

直譯

《大象傳》說：一個水澤附麗在另一個水澤上，互相灌注交流，這是〈兌卦〉的象徵。君子效法它，用來像朋友一般互相討論學習。

補注

「雙渠相灌溉，佳木遶東川」，此「麗澤」之象也。

「有朋自遠方來，不亦樂乎！」此「朋友講習」之義。

三、爻辭及小象傳

㊀ 初九：和兌①。吉。

《象》曰：「和兌」之「吉」，行未疑②也。

①和兌：即和悅，和樂的交談。不亢不卑的樣子。

②行未疑：指初九雖在下位，與九四不相應，但彼此都是陽爻，剛正而無疑。

直譯

初九爻辭：和樂的交談。吉祥。

《小象傳》說：所謂「和兌」的吉祥，是表示行為不被質疑呀。

補注 許慎《說文解字》：「和，相應也。从口，禾聲。」先有「唱」，後有「和」，「和」即回應原唱之意，故「和」字引申亦有和樂的意思，但它是被動的附和。

二 九二：孚兌①。吉，悔亡②。

《象》曰：「孚兌」之「吉」，信志③也。

① 孚兌：誠信的交談。

② 悔亡：指九二上與六三親比，本當有悔（因六三為陰柔小人），但因居中自守，故可無悔。

③ 信志：表明誠意。

直譯 九二爻辭：誠信的交談。吉祥，悔恨消失了。

《小象傳》說：所謂「孚兌」的吉祥，是由於表明了誠意呀。

補注 辛棄疾詞：「我見青山多嫵媚，料青山見我亦如是」，此所謂「孚兌」也。

三 六三：來兑①，凶。

《象》曰：「來兑」之「凶」，位不當②也。

直譯

六三爻辭：求來的和樂，凶險。

《小象傳》說：所謂「來兌」的凶險，是由於所在位置不正當呀。

補注

李光地《周易折中》引毛璞之說：「所以為兌者，三與上也。三為內卦，故曰來；上為外卦，故曰引。」

四 九四：商兑，未寧，①介疾②，有喜。

《象》曰：九四之「喜」，有慶也。

①來兌：求來的喜悅。有諂媚之意。

②位不當：六三以陰居陽，不中不正，上無所應，而下又親比九二以求悅，故稱來兌。

①商：商量，忖度。商兌：考慮交談。未寧：未能確定。指九四與六三接近，但六三不中不正，故九四猶疑，一時不能確定。

②介：九四在上下兩卦之間，有分限、隔開之意。一說：介，小。介疾：小毛病。又，（馬融說）介有「大」意。

直譯

九四爻辭：考慮是否和小人和樂交談，一度心中不安，最終克服了猶豫的小毛病，得到喜樂。

《小象傳》說：九四爻辭所說的喜樂，是表示值得慶幸呀。

五 九五：孚于剝①，有厲。

《象》曰：「孚于剝」，位正當②也。

直譯

九五爻辭：誠信到了被剝奪的地步，會有危險。

《小象傳》說：所謂「孚于剝」，是由於所處位置正中當位呀。

六 上六：引兌①。

① 孚于剝：誠信被剝奪了。剝：剝離，剝落。指九五與上六親比。上六小人，故九五受害。

② 位正當：指九五陽剛中正，居君位，地位崇高重要，容易被小人迷惑包圍。

① 引：牽引，拉攏。「引兌」下似脫一占斷之辭，如凶、悔之類。

《象》曰：上六「引兌」，未光②也。

②未光：不夠光明正大。指上六陰柔，乘剛居上，引誘下面的陽爻。

直譯

上六爻辭：牽引拉攏而來的和樂交談。

《小象傳》說：上六爻辭所說的「引兌」，是表示未能光明正大呀。

補注

查慎行《周易玩辭集解》引邱行可之說：「三以柔居剛，動而求陽之悅，故曰來兌。上以柔居柔，靜而誘陽之悅，故曰引兌。來兌之惡易見。」來兌之惡易見，則引兌之惡難知。請參閱「新繹」。

此與六三「補注」所引毛璞之說，一從爻之剛柔動靜說，一從卦爻的位次說，各有特色。

新繹

清代陳夢雷《周易淺述》對〈兌卦〉析論頗為詳盡，可供讀者參考。錄之如下：

〈兌卦〉坎體而塞其下流，其象為澤。一陰進乎二陽之上，喜見乎外，故其德為說。

〈兌卦〉次〈巽〉，按，《序卦》：「巽者，入也。入而後說之，故受之以〈兌〉。兌者，說也。」物相入則相說，所以次〈巽〉也。

全《彖》以卦體柔外有亨之道，而剛中則利于正，此全《彖》之大指也。六爻以二陰為說之主，四陽皆為陰所說者。

三為下兌之主，以柔居剛，動而求陽之說者，其惡易見，故凶。上為上兌之主，以柔居柔，靜而誘陽之說者，其惡難知，故不言凶咎。

四陽爻則在下多吉，在上多凶。初與陰无係，故吉。二已近三，入說猶淺，故悔亡。四入上兌，處三、五之間而莫決，故未寧。五與上比，說之將極，則厲矣。此六爻之大略也。

五十九、渙卦

解題

渙，原指分散的流水，取其春水渙渙之意。通「奐」、「煥」，即渙發、分散。既有燦爛煥發之意，又有風流水散之象。《雜卦傳》：「〈渙〉，離也。」蓋取其分散一義，以與〈節卦〉之節制相對。

此卦以九五為主爻，而九二居內以固其本，六四承五以成其功。

一、卦形、卦體

䷺坎下巽上

【卦形淺說】

卦體巽上坎下，巽為風，坎為水，風行水上，水氣渙發四散，卻又泛起漣漪，故文理爛然。

二、卦名、卦辭

渙：亨。王假有廟①。利涉大川，利貞。

直譯

〈渙卦〉象徵渙發、分散：亨通。君王親自來到了宗廟祭祀。宜於涉渡大河，宜於固守正道。

（一）彖傳

《彖》曰：「渙，亨」。剛來而不窮①，柔得位乎外而上同②。「王假有廟」，王乃在中③也。「利涉大川」，乘木有功④也。

直譯

《彖傳》說：所謂「渙，亨」，是指剛正者來居內卦中位而不困窮，柔順者得到適當位置在外卦，而又能上與九五至尊同心協力。所謂「王假有廟」，是表示君王就在中正的位置上呀。所謂「利涉大川」，是表示像搭乘木船渡過大河川，有功效呀。

注釋

①王：指九五。假：格，至。有廟：宗廟。有：虛字。帛書本「有」作「于」。

①剛來而不窮：剛指九二，處於下卦之中，不窮極於下位。

②柔得位乎外而上同：柔指六四，以陰爻居陰位，又上與九五親比，有君臣同心之象。此即所謂「上同」。以上二句，內剛外順。

③王乃在中：指九五居上卦之中，又陽爻得陽位，所謂居中履正。

④乘木有功：此卦巽上坎下，巽為木，坎為水，木在水上，象舟行可涉大川。

補注

金景芳等《周易全解》云：《易經》中提到「剛柔往來」的文句，全以乾坤三陽三陰二體為本。例如此卦坎下巽上，下體即用坤體三陰，移一乾爻來居於中即成〈坎〉；上體用乾體三陽，移一坤爻來交於初即成〈巽〉。〈坎〉在內卦，故云剛來；〈巽〉在外卦，故云柔得位乎外。

(二) 大象傳

《象》曰：風行水上①，渙。先王以享于帝②，立廟。

① 風行水上：此卦上巽下坎，巽為風，坎為水，故云。

② 先王以享于帝：阮元《十三經校勘記》：「古本于下有上字。」

直譯

《大象傳》說：像風吹過水面盪開燦美的波紋一般，這是〈渙卦〉的象徵。古代聖王取法它，用來祭饗於上帝，建立宗廟。

補注

「渙」通「奐」。《禮記・檀弓篇》：「美哉奐焉」，《經典釋文》：「奐，本亦作煥。」故有美盛燦爛之意。「立廟」即由此引申。廟者，聚會之所，先王立宗廟，不僅用以聚會人民，同時上享天帝，追祀祖先。宗廟求其美奐，祭饗求其豐盛，固不待言。

程頤《伊川易傳》云：「收合人心，無如宗廟；祭祀之報，出於其心。故享帝立廟，人心之所歸也。繫人心、合離散之道，無大於此。」

三、爻辭及小象傳

一

初六：用拯，馬壯，①吉。

《象》曰：初六之「吉」，順②也。

① 用拯馬壯：參閱〈明夷卦〉六二爻辭。同「拯用壯馬」。句下據阮元校勘記，原有「悔亡」二字。指初六陰柔在下，無力救濟潰散。只有上承九二，得其陽剛如壯馬之助，始得濟其柔弱。

② 順：順從。指初六上承九二，服從領導。

直譯

初六爻辭：（渙散時）用來拯救的馬要雄壯，才吉祥。

《小象傳》說：初六爻辭所說的吉祥，是由於順從陽剛者九二的救助呀。

補注

拯，陸德明《經典釋文》：「子夏作抍。抍，取也。」

宏一按，不管把「渙」解釋為渙散或煥發，說它有待拯救或激勵時，所用的壯馬，都必然是經過挑選的良馬。所以《子夏易傳》中「拯」字作「抍」，蓋有選取之意。

二 九二：渙奔其机①。悔亡。②

《象》曰：「渙奔其机」，得願③也。

直譯

九二爻辭：渙散時奔向那可以憑靠肢體的几案（航船）。悔恨於是消失了。

《小象傳》說：所謂「渙奔其机」，是表示得其所願呀。

① 机：同「几」，几案，矮桌子。帛書本作「階」。一說：机疑借為「兀」，指台階。又，机疑當作「杭」。

② 以上二句，王闓運《周易說》斷句作「渙奔，其机悔亡。」

③ 得願：得到原來所願望的。指九二以陽爻而居陰位，是失位不正，理應有悔，但因居中位，與初爻相得，故无悔。

補注

机，惠棟《周易述》以為當作「朹」，即古文「簋」字。簋也是古代祭祀時常見的一種禮器。屈萬里師《周易集釋初稿》：「古几字無作机者。机疑應作杭，舟也。《詩‧河廣》：『一葦杭之』，《傳》訓為渡，亦從舟義出，即航也。杭、机形近易訛。以初六馬壯、六三渙其躬之韻證之，可見。」

---

❸ 六三：渙其躬①，无悔②。

《象》曰：「渙其躬」，志在外③也。

直譯

六三爻辭：像是渙散到他自己的身體了，卻沒有悔恨。

《小象傳》說：所謂「渙其躬」，是由於他的心志全在外卦的上九身上呀。

① 躬：自身，身軀。

② 无悔：指六三失位不正，理應有悔，但因上應上九，以陰順陽，故无悔。帛書本作「无咎」。

③ 志在外：指六三志在上應外卦之上九。

補注

王申子《大易緝說》：「自此以上四爻，皆因渙以拯渙者。謂渙其所當渙，則不當渙者聚矣。」意思是說：六三與上九相應，雖渙散其身，而無所悔恨。自此以上，該聚則聚，該散則散，聚散無憑，卻互相依存。

四 六四：渙其群，元吉。①渙有丘②，匪夷所思③。

《象》曰：「渙其群，元吉……」④，光大也。

直譯

六四爻辭：解散他的友朋群體，不結黨營私，大大吉祥。潰散後又能聚眾有如山丘一般，那不是平常人所能想像顧慮到的。

《小象傳》說：所謂「渙其群，元吉」云云，是表示能把德行發揚光大呀。

①渙其群：離散其友群。指六四得位履正（陰爻居陰位），上承九五，而下無所應，即不結黨營私。一說：渙，煥美。煥美其群。

②有丘：又聚如山丘。渙有丘即渙如丘、渙于丘。

③匪夷所思：不是平常所想得到的。匪：非，不是。夷：平，常。

④渙其群二句：六四爻辭的省文。

補注

周代推行井田制度，八戶一井，四井為邑，四邑為丘。故一邑三十二戶，一丘一百二十八戶。「渙有丘」即「渙如丘」、「渙于丘」之意，言其聚眾之多，有如聚土成丘一般。

五 九五：渙汗其大號①，渙王居②，无咎。③

《象》曰：「王居，无咎」④，正位⑤也。

直譯

九五爻辭：像揮發滿身大汗那樣的高聲發號施令，又分散君王所儲存的財物（來結合群眾），沒有災禍。

《小象傳》說：所謂「渙王居，无咎」，是表示他正處在居中履正的君位呀。

補注

九五，君王至尊之位，故以「王居」稱之。

①渙汗其大號：帛書本作「渙其肝，大號」。渙汗：流了很多汗，蓋因服勞役之故。宏一按，似應作「渙其汗，大號」。流了滿身大汗。大號：大聲號令民眾。

②渙王居：分散君王所儲蓄的財物，發給民眾。一說：煥美王之居所。

③以上三句，于鬯斷句作「渙汗其大，號渙王居无咎。」

④王居无咎：爻辭「渙王居，无咎」的省文。

⑤正位：指九五居中履正，在中正位置上。

王筠《說文句讀》解釋水部「汗」字，曾引《後漢書．胡廣傳》的「政令猶汗，往而不反。」說政令的宣傳，有如汗水一旦流出去就蒸發散開了，不能再收回。可見渙、汗都有「分散」之義。「渙汗其大號」，是說守中居正的陽剛統治者，一言既出，四馬難追。「渙王居」是說又能散其積蓄以聚合天下民心。

六 上九：渙其血，去逖出①。无咎。

《象》曰：「渙其血……」②，遠害也③。

直譯

上九爻辭：潰散時他流了血、受了傷，趕快離開，遠遠的逃走在外。沒有災禍。

《小象傳》說：所謂「渙其血」云云，是為了遠遠避開傷害呀。

①去逖出：離開遠遠的，出去不再回來。去：離開。逖：通「惕」，警惕。引申有避走之意。〈小畜卦〉六四爻辭「血去惕出」。

②渙其血：上九爻辭的省文。

③遠害也：〈渙卦〉下體坎有傷害之象。此句指上九距離〈坎卦〉最遠，可以避開傷害。

新繹

卦辭既說：「王假有廟」，《彖傳》也說：「王乃在中」、「乘木有功」，《大象傳》更說：「先王以享于帝，立廟」，則爻辭皆當與此有關。古代君王立廟祭祀，用以分享上帝，聚會臣民，本卦立論的要點，不在於「渙」分散之一義，而是要強調分而不散、散而能聚的道理。

李光地《周易折中》論本卦卦辭有云：「〈渙〉與〈萃〉對。『假廟』者，所以聚鬼神之既散也；『涉川』者，所以聚人力之不齊也。蓋盡誠以感格，則幽明無有不應；秦越而共舟，則心力無有不同。此二者，渙而求聚之大端也。然不以正行之，則以有黷神犯難之事。」本卦所要闡述的道理，即在乎是。

六十、節卦

解題

節，原指竹節，有節制之義。《雜卦傳》：「〈節〉，止也。」制止、約束，即節制。引申有「儉約」之意。此卦與〈渙卦〉是綜卦。節是向內收斂，渙是向外擴散。節制與擴散相反相成。

九五為主爻，《彖傳》所謂「當位以節，中正以通。」惟有德位者能節制天下。

一、卦形、卦體

䷻兌下坎上

【卦形淺說】

卦體兌下坎上，兌為澤，坎為水，澤上有水，容量有限，所以隄防為節。

二、卦名、卦辭

節：亨。苦節①，不可貞②。

直譯

〈節卦〉象徵節制儉約：亨通。如果儉省太過而苦於節制，就不可以固守常道了。

補注

「苦節，不可貞」，斷句一作：「苦節不可，貞。」是說過分節制是不可以的，應當守正。

（一）彖傳

《彖》曰：「節，亨」，剛柔分①，而剛得中②。「苦節，不可貞」，其道窮也。說以行險③，當位以節，中正以通。④天地節而四時成。節以制度⑤，不喪財，不害民。

注釋

① 苦節：苦於節制。是說以節制儉約為苦。參閱本卦上六。

② 不可貞：不可固守常道。

① 剛柔分：此卦坎上兌下。坎為陽為剛，兌為陰為柔，剛柔上下分明。一說：此卦剛柔各得三爻。

② 剛得中：陽剛者得居中位。指九二、九五皆以陽爻而居上下卦之中。

③ 說以行險：此卦上坎下兌，坎為險，兌為悅，故云。

④ 當位以節二句：指九五居中履正，當位通達。

⑤ 制度：制定法度。

直譯

《彖傳》說：所謂「節，亨」，是由於陽剛陰柔上下分明，而陽剛者能夠得到中正之道。所謂「苦節，不可貞」，是由於它節制的方法已陷入困境呀。

（九五之尊）能以喜悅的心情行於險境，處於尊貴位置卻知所節制，這是得到了中正之道，因此順利通達。天地也由於知所節制，因此四季形成了。

用節制的道理來制定法度，不會喪失財物，不會損害人民。

（二）大象傳

《象》曰：澤上有水①，節。君子以制數度②，議德行③。

直譯

《大象傳》說：大澤之上有固定的水量，這是〈節卦〉的象徵。君子取法它，用來制定禮數法度，研議德行標準。

①澤上有水：此卦兌下坎上，兌為澤，其上坎為水，故云。
②制數度：制定禮數法度。
③議德行：研議德行標準。德：存之於心。行：形之於外。

補注

「澤上有水」的「上」字，據陸德明《經典釋文》云：「或作中，今不用。」又，據王樹柟《費氏古易訂文》所引，侯果曾說：「澤中有水，隄防為節也。」唯王氏又加案語：「今本《集解》引侯果仍作『澤上有水』。」筆者初以為作「澤中有水」，文理頗順，後來才發現《大象傳》是就上下卦體言之，下卦為兌為澤，上卦為坎為水，故言澤上有水。自以稱「上」為是。

三、爻辭及小象傳

一 初九：不出戶庭①，无咎。

《象》曰：「不出戶庭」，知通塞②也。

直譯

初九爻辭：不走出房外內院，就沒有災禍。

《小象傳》說：所謂「不出戶庭」，是由於知道什麼時候會通達和阻塞呀。

①不出戶庭：指初九以陽爻居陽位，又上應六四，理當有所作為，但位卑，又為九二所隔，故須自我節制。戶：室門。庭：帛書本作「牖」。戶庭：內院。

②知通塞：知道通達和阻塞的不同時勢。表示識時務。

補注

古代門與戶意義不同，二者俱以大木板為之，兩扇曰門，單扇曰戶。門在宅門，戶在堂室。後來才混為一談，堂、室的戶亦可稱門，通稱門戶。堂室之間的空地，俗稱內院，都還屬於室家之內的範圍，古人就稱之為「戶庭」。

二 九二：不出門庭①，凶。

《象》曰：「不出門庭，凶」，失時極也②。

① 門庭：指大門內的庭院，即外院。門庭與戶庭不同。門指外門，戶指室門。

② 失時極也：失去時機到了極點。是說太不識時務了。此指九二雖陽爻居中，但陰位不正，又為六三所乘，與九五亦不相應，故有凶險之虞。

直譯

九二爻辭：走不出門外大庭院，凶險。

《小象傳》說：所謂「不出門庭，凶」，是表示太不會掌握時機到了極點呀！

補注

門庭與戶庭有別，戶庭已見前。門庭泛指大門前的空地，包括整個住宅區域，大門即在住宅區域的出入口。

三 六三：不節若，則嗟若①。无咎②。

《象》曰：「不節」之「嗟」③，又誰咎也？

直譯

六三爻辭：不自我節制的話，就會嗟嘆感傷的。自作自受，不要責怪誰。

《小象傳》說：所謂「不節若……」的嗟嘆，又有誰可以怪罪呢？

補注

初九、九二以不出戶庭、門庭為喻，是強調節制有內外之分。六三以上各爻分別占測「不節」、「安節」、「甘節」、「苦節」之不同。

①若：狀，然，樣子。語助詞。

②无咎：此作「沒有疑問，不要責怪」解，是說怨不得別人，是自己惹來的。指六三失位不正（陰爻居陽位），又下乘九二，肆虐陽剛，自招災咎。

③不節之嗟：爻辭「不節若，則嗟若」的省文。

四 六四：安節①，亨。

《象》曰：「安節」之「亨」，承上道②也。

直譯

六四爻辭：能安於節制，自然亨通。

《小象傳》說：所謂「安節」的亨通，是由於能順承上位者的正道呀。

① 安節：心安理得的節制。安於節制，不以節制為苦。

② 承上道：指六四以陰爻居陰位，下應初九，而上承九五，自然有節，不失大臣之位。上：指九五。

五 九五：甘節①，吉。往有尚②。

《象》曰：「甘節」之「吉」，居位中也③。

直譯

九五爻辭：甘心樂於節制，吉祥。前往會得到重視。

《小象傳》說：所謂「甘節」的吉祥，是由於他所處的地位中正呀。

① 甘節：心甘情願的節制。甘於節制，樂在其中。甘，也有寬緩、輕鬆之意。

② 往有尚：前往會得尊重。尚：重視，幫助。

③ 居位中也：所處的地位是中正的位置。指九五居中履正，又得尊位，以此而行，必受尊崇。

補注

「甘節」的「甘」，與「苦」相對，古人作「緩」解。《莊子．天道篇》：「斲輪，徐則甘而不固，疾則苦而不入。」成玄英疏：「甘，緩也；苦，急也。」甘，即放鬆、舒緩之意。

按，《論語．雍也篇》：「知之者不如好之者，好之者不如樂之者。」筆者以為知之者是「理解」，好之者是「喜歡」，樂之者是「陶醉」。層次有所不同，愈轉而愈深。樂之者心情放鬆，就是「甘」。

六 上六：苦節①，貞凶；悔亡②。

《象》曰：「苦節，貞凶」，其道窮也③。

直譯

上六爻辭：苦於過度節制，即使守正也危險；但沒有悔恨。

《小象傳》說：所謂「苦節，貞凶」，是由於他所走的道路

① 苦節：以節為苦。一說：苦，急；節，指車行太快。

② 悔亡：高亨《周易古經今注》以為二字為衍文。蓋以文氣不似。

③ 其道窮也：他所走的道路已到窮困之境。指上六居〈節卦〉之極、坎險之上爻，皆有苦節之義。以此為正道，將陷困境。

已到困窮之境呀。

補注

「苦節」與「甘節」相對，已見上文。「甘」作緩，放鬆、舒緩解，「苦」則作疾，緊張、著急解。聞一多《周易義證類纂》另有新解，他說：「節，謂車行之節度」，「苦節、甘節，即疾節、緩節。行節緩，則乘者安適，疾則有覆敗之虞，故曰：甘節貞吉，而苦節貞凶也。」

聞一多的這種說法是有依據的。揚雄《方言》：「逞、苦、了，快也。自山而東或曰逞，楚曰苦，秦曰了。」朱駿聲《說文通訓定聲》「苦」字下亦云：「苦，快一聲之轉，取聲不取義。」可見逞、苦、了三字都有「快」之意。而快同「苦」，亦即有疾、急之意。

新繹

寫到〈渙〉、〈節〉二卦，《易經》已近尾聲。不妨再從「三聖」伏羲、文王、孔子各有發明的角度，來探索二卦一組的關係以及《易經》哲理的規律。

伏羲畫卦是觀物取象，文王演易是觀象設卦，而孔子「十翼」則旨在闡述義理。巽象為風為入，兌象為澤為說（悅，下同），它們都與坎（其象為水）有關。〈渙卦〉下坎上巽，〈節卦〉下兌上坎，正說明此二卦是坎和巽、兌的組合。故《序卦傳》云：「巽者，入也。入而後說之，故受之以〈兌〉。兌者，說也。說而後散之，故受之以〈渙〉。渙者，離也。物不可以終離，故受之以〈節〉。」

這除了說明《易經》有物極必反的規律之外，也告訴我們天地萬物任何物體都有一正一反的兩面，它們相生相成，相因相依。就自然現象言，說的是陰陽剛柔；就社會人事言，說的是吉凶休咎。《繫辭上傳》說：「一陰一陽之謂道」，其實吉凶休咎也是相生相成的。

《雜卦傳》說：「〈渙〉，離也。」那是取水之分流的一義來說的。其實〈渙卦〉上巽下坎，其象為風行水上，固然有風流水散、水向外分流擴散之意，但水向外擴散時，水波盪漾，泛起漣漪，卻又波光瀲灩，文彩爛然。所以「渙」可作「分散」解，也可作「煥發」解。這就像「離」本來可作「分」解，也可作「麗」解一樣。

同樣的道理，《雜卦傳》說：「〈節〉，止也。」一般的看法，那是取水須節制之一義來說的。〈節卦〉上坎下兌，其象為水在澤上，湖澤大小有一定的容量，通常設有隄防以節制水位，「虛則納之，滿則泄之」，否則過猶不及。過則成災，不及則有乾涸之虞。卦辭說的「苦節，不可貞」，那就是從反面來說的道理。苦節說的已是儉約，不是節制而已。

其實，「節」原指竹節，一節一節分開，各有節制，所以有「止」的含意。但「止」有自動停止和被動停止二者之不同。《周書．謚法篇》說：「好廉自克曰節」，可見節儉、儉約要出於自動才好；如果是強迫性的制止，那就失之於苛嚴儉嗇了。所以〈節卦〉才有「不節」、「安節」、「甘節」、「苦節」等等之分。也因此，《雜卦傳》所說的：「〈節〉，止也」，這個「止」字不可只作「停止」、「停息」解，應該要強調它是「止於所當止」，「止於所不可不止」，是「止於至善」。

因此，〈渙卦〉與〈節卦〉都以九五為卦主，前者「剛來而不窮，柔得位乎外而上同」，「王乃在中」，後者「剛柔分，而剛得中」，「當位以節，中正以通」。它們和其他各組一樣，雖然都各有正反兩面，卻又在矛盾中求其統一，強調的是守正固常，即中道。

六十一、中孚卦

解題

中，指內心。中孚即誠懇，誠信發自內心。「中」亦有「公正」之意，《呂刑》即言刑罰公正曰中，得其實情曰孚。

九二、九五為主爻，最得「中孚」之旨。

一、卦形、卦體

☴☱兌下巽上

【卦形淺說】

卦體巽上兌下，巽為風，兌為澤，風在澤上，能施惠於下。

卦性兌為悅，巽為入，與人交往，和樂在心。

二、卦名、卦辭

中孚①：豚、魚②，吉。利涉大川，利貞。

直譯

〈中孚卦〉象徵內心誠懇：用小豬和魚祭祀，吉祥。有利於涉渡大河川，有利於固守正道。

補注

豚、魚，古代可作祭品之用，見《禮記》的〈曲禮下〉、〈士昏禮〉、〈士喪禮〉及〈王制〉等篇。據〈曲禮下〉篇云，祭宗廟之禮，六牲各有專稱，以牛為大件，「牛曰一元大武，豕曰剛鬣，豚曰腯肥，羊曰柔毛，雞曰翰音，……槀魚曰商祭，鮮魚曰脡祭」。〈士昏禮〉、〈士喪禮〉中也都有以豚、魚做為士人祭品的記載。〈王制〉篇更明白的說：「庶人夏薦麥，秋薦黍；麥以魚，黍以豚。」足可為證。說見王引之《經義述聞》。

（一）彖傳

注釋

① 中孚：中，內心。孚，誠，信。心有誠信，即誠懇。

② 豚魚：指豚與魚，即小豬與小魚。古代祭祀時，士及平民用豚、魚作祭品。見《禮記．王制篇》。這在當時算是薄禮。一說：豚魚是大澤中的一種魚類，據說善感應，知風向。筆者採用前說。

① 柔在內而剛得中：從卦形看，六三、六四陰爻在六爻的中央，而九二、九五陽爻，則分居上下卦中位，表示內柔外剛。

《彖》曰：「中孚」，柔在內而剛得中①。說而巽②，孚，乃化邦③也。「豚魚吉」，信及豚、魚④也。「利涉大川」，乘木舟虛⑤也。中孚以「利貞」，乃應乎天也。

直譯

《彖傳》說：〈中孚卦〉象徵內心誠信，是表示柔順在乎內心，而剛正仍然居於內心的中央位置。能既和樂而又謙遜，因此誠信孵化成形，才能感化家邦呀。所謂「豚魚吉」，是表示誠信還能推及小豬小魚，做為春秋祭品而被神祇接納賜福呀。所謂「利涉大川」，是表示搭乘木頭中間虛空的船隻可以渡水呀。由於內心誠信，因而有利於固守正道，也因此可以順應天道呀。

（二）大象傳

《象》曰：澤上有風①，中孚。君子以議獄緩死②。

②說而巽：此卦兌下巽上，兌為悅，巽為順，故云。
③孚乃化邦：孚本義是「孵」，有「化」之義。
④信及豚魚：豚、魚雖不貴重，但只要心誠意懇，仍會被神接納、賜福。
⑤乘木舟虛：上卦巽為木，下卦兌為澤，外實中虛，中間的二陰爻像是木船中空的部位。有乘木舟渡水之象。

①澤上有風：此卦兌下巽上，兌為澤為悅，巽為風為順，故云。
②議獄緩死：審議訴訟案件，緩判死刑。兌為口為澤，有議有德之象。巽為風為順，有上行下效之象。

直譯

《大象傳》說：大澤上有和風緩緩吹拂，卻無所不至，這是〈中孚卦〉的象徵。君子取法它，用來詳審訟案實情，減緩判處死罪。

補注

程頤《伊川易傳》：「君子之於議獄，盡其忠而已；於決死，極其惻而已，故誠意常求於緩。緩，寬也。於天下之事，無所不盡其忠，而議獄緩死，最其大者也。」可見「緩死」的寬緩，和「澤上有風」的和風有關係。「誠意」指惻隱之心，風，無所不入，而澤象為悅，和風悅人，恩德普施之意。

三、爻辭及小象傳

㈠ 初九：虞吉①；有他，不燕②。

《象》曰：初九「虞吉」③，志未變④也。

①虞吉：虞則吉。虞：古祭名，有安樂之意。指初九陽爻當位，上與六四正應，但九二卻阻於前。

②燕：同「宴」。「虞」和

直譯

初九爻辭：舉行虞祭安安樂樂，吉祥；如果有意外或其他事故，就不再宴享同樂了。

《小象傳》說：初九爻辭所說「虞吉」云云，是表示誠信的心意未曾改變呀。

補注

屈萬里師《周易集釋初稿》引用《呂氏春秋．慎人》「許由虞乎潁陽」等為證，以為「虞、燕蓋皆祭名，言虞祭吉，如有他故，則不必燕也。」此採其說。

又，「有他」，「他」字一本作「它」。它，古指虫蛇之類。上古野居，稱有意外之患曰「有它」。甲骨文中，即常見「亡它」、「不它」之語。羅振玉《增訂殷虛書契考釋》云：「凡貞祭於先祖，尚用不它、亡它之遺言，殆相沿以為無事故之通稱矣。」

「燕」都是古祭祀名，也都有安樂之意。「燕」帛書本作「寧」。

③虞吉：爻辭「虞吉，有他，不燕」的省文。

④變：熹平石經作「辯」，二字通。

❷九二：鳴鶴在陰①，其子和之②；我有好爵③，吾與爾靡④之。

《象》曰：「其子和之」，中心願也。

①陰：同「蔭」，遮蔽幽暗處。
②其子和之：指九二與九五都以陽爻而分居上下卦的中位，雖有距離，卻能相應。
③我：指九二爻。爵：酒杯，酒器。酒的代稱。此借指爵祿。
④靡：共，一起享用。一本作「縻」，牽繫。

直譯

九二爻辭：鳴叫的母鶴即使在陰暗處，牠的孩子也會聲聲應和牠；我有美好的酒漿，我和你一起享用它。

《小象傳》說：所謂「其子和之」，是發自內心的願望呀。

補注

屈萬里師《周易集釋初稿》以為此仍以從舊解（爵為爵祿，靡為共）為宜，並以為此爻辭「蓋謂修相見之禮也」。

又，《繫辭上傳》曾引這四句爻辭，然後說孔子闡釋曰：「君子居其室，出其言善，則千里之外應之，況其邇者乎？居其室，出其言不善，則千里之外違之，況其邇者乎？言出乎身，加乎民；行發乎邇，見乎遠。言行，君子之樞機。樞機之發，榮辱之主也。言行，君子之所以動天地，可不慎乎！」說的就是言行出乎至誠，則能互相感通之理。

---

❸ 六三：得敵①。或鼓或罷②，或泣或歌。

《象》曰：「或鼓或罷」③，位不當也④。

直譯

六三爻辭：有了口口相對、勢均力敵的對手。有時鳴鼓進攻，有時疲頓退卻；有時敗則悲泣，有時勝則高歌。

《小象傳》說：所謂「或鼓或罷」云云，是由於所處位置不適當呀。

補注

這是說六三陰柔失正，不當位，言行無常，自樹其敵，又不自量力，故進退失據。至於和祭祀宗廟或議獄斷案有什麼關係，則有待讀者自己善加體會。

①得敵：從卦形看，兌為口，巽倒置為兌，亦為口。有如找到敵手。指六三與六四皆為陰爻，同性相斥，六三可與上九相應，六四亦可與初九相應，故成匹敵。

②鼓：鳴鼓進攻，有興、起之意。罷：通「疲」，有停止、後退之意。

③或鼓或罷：爻辭「或鼓或罷，或泣或歌」的省文。

④位不當也：指六三以陰爻居陽位，位不正，故為六四所阻擋。

四 六四：月幾望①；馬匹亡②。无咎。

《象》曰：「馬匹亡」，絕類上③也。

① 月幾望：月亮接近滿月的形狀。指六四居大臣之位，最接近九五至尊。幾：幾乎，近於。一作「既」，已經。望：滿月。

② 馬匹：一對馬。指六四與初九相應，有如一對匹配的馬。亡：指失去匹配。

③ 絕類上：斷絕同類而向上。指六四不親比同為陰爻的六三，而上承九五。一說：類，指初九。

直譯

六四爻辭：就像月亮接近滿月的形狀；就像一對馬失去匹配的對象。沒有災害。

《小象傳》說：所謂「馬匹亡」，是表示斷絕了同類的交往，而向上前進呀。

補注

「絕類上」，是表示至誠專一，不容於有二心之意。

五 九五：有孚攣如①。无咎。

《象》曰：「有孚攣如」，位正當②也。

① 攣如：互相攜手牽連的樣子。〈小畜卦〉九五爻辭也有這句話。

② 位正當：所處地位正中適

直譯

九五爻辭：好像有了誠信的同志，攜手同行。沒有災害。

《小象傳》說：所謂「有孚攣如」，是由於所處地位正中適當呀。

當。指九五居中履正，以陽爻居陽位，又居上卦之中，與下卦居中履正的九二，同心協力，攜手並進，相得益彰。

六 上九：翰音登于天①。貞凶。

《象》曰：「翰音登于天」，何可長也②？

①翰音：指祭祀用的錦雞。見《禮記．曲禮》。據說牠的啼聲可以響徹雲霄。又此卦上卦巽，也是雞的象徵。登于天：高飛上天而去。表示不能用來祭祀了。

②何可長也：指已為祭品。指上九過於陽剛，已在〈中孚卦〉的上極，未免自信太過，它所下應的六三，又柔弱失位，如果不服從九五之尊，將自取其禍。

直譯

上九爻辭：錦雞的啼聲可以傳到天上。雖然守正卻凶險。

《小象傳》說：所謂「翰音登于天」，哪裡可以長久呢？

補注

許慎《說文解字》羽部：「翰，天雞也。赤羽。从羽，倝聲。」俗名錦雞。牠不僅像一般的雄雞能定時啼曉，而且啼聲響亮，可以響徹雲霄，因此一名天雞。牠常用於宗廟祭祀，但牠畢竟不能高飛，只能在地上自鳴得意。這也表示名不符實，聲雖高遏雲天而實不能至之，即誠信不足之意。

屈萬里師《周易集釋初稿》以為雞曰翰音，亦用於祭祀之名，因用以郊天，故曰「登于天」，而「登于天」者，言高飛而去。如是，則不克用于祭祀矣。此亦一說。

新繹

《易經》六十四卦，有的卦辭爻辭不但辭意相應，而且六爻之間也井然有序，經文和《易傳》的《彖傳》、《象傳》之間，也都「音聲相和，前後相隨」，但有的就錯雜間出，不但前後不能呼應對照，而且經、傳之間也找不到什麼關聯性，文字更是晦澀難解。像〈中孚卦〉就是其中之一。

這種情形，戴君仁師《談易》曾經如此解釋：「卦爻辭可能積累了很長時間、許多作者，到後來才有人把它編纂起來」，「十翼（《易傳》）是孔門傳《易》的學者眾手所成，而非孔子一人所作」，「《易傳》，是解釋或闡發卦及卦爻辭的文字。但卦爻辭本是卜筮之書，而《易傳》卻是開始要以義理說經的；這樣一來，《易傳》的說法，就不見得能合卦爻辭的原始意思。」這樣的解釋當然講得通，但筆者以為還有一種可能：傳以解經為主，經、傳之間，照道理說，應該都能呼應對照，如果有扞格難入或前後矛盾的地方，也應該可以從版本校勘等等方面去嘗試加以解釋。所以筆者對此所抱持的態度是：知之為知之，不知則闕其疑。知道的，能說多少就說多少，不知道的只好闕而不論，俟諸他日了。

像〈中孚卦〉，由下兌上巽組合而成，巽象為風為入，兌象為澤為悅，風在澤上，自然和樂在心。卦辭曰：「豚魚，吉」，上九爻辭曰：「翰音登于天，貞凶」，豚魚、翰音，皆古代祭品，顯然是與祭祀宗廟有關，但其他的爻辭，從字面上看，卻看不出與此有什麼關聯性。屈萬里師邃于經學，能夠指出初九的「虞」「燕」、九二的「爵（雀）」，那是由於他學養深厚才能辨到，至於能不能獲得學界的認同，那是另一回事。

我們知道古人之祭祀鬼神先祖，是講心誠則靈，「中孚」的意義就是「心誠」。因此《易傳》把〈中孚卦〉「柔在內而剛得中」、「澤上有風」的象徵，移之於社會政治的斷獄判刑方面，《彖傳》說是「孚乃化邦」，《象傳》說是「君子以議獄緩死」，都可謂是從「心誠」出發的。筆者以為這樣解說，大概不會錯誤，但六爻之間究竟與祭祀或議獄有什麼關係，實在說，筆者不敢隨便臆測。

六十二、小過卦

解題

小過，即稍為超過常度，有經過和過度兩層意義。此卦與〈中孚卦〉是錯卦，卦形正好陰陽相反。〈中孚卦〉講的是內心的誠信，此卦講的是行為的自信。因為自信，所以容易過度。

此卦以六二、六五為主爻，以其柔而得中。

一、卦形、卦體

䷽艮下震上

【卦形淺說】

卦體艮下震上，艮為山，震為雷，山上有雷，雷聲略過於常時。

此卦卦形，二陽居中而四陰圍之，陽為大，陰為小，陰小者稍多，有小過之象。

二、卦名、卦辭

小過①：亨，利貞。

可小事②，不可大事③。

飛鳥遺之音④，不宜上，宜下。大吉。

直譯

〈小過卦〉象徵稍為過度：亨通，有利於固守正道。

可以用來做小事，不可以用來做大事。

就像飛鳥飛過時遺留下來的叫聲，不適合往上，只適合往下。大大吉利。

補注

李光地《周易折中》云：「大事，謂關係天下國家大事；小事，謂日用常行之事。」

（一）彖傳

《彖》曰：小過，小者過而亨①也。過以利貞，與時行也。②

注釋

①小過：稍為，稍微。帛書本「小」作「少」。陰盛陽衰，故曰小過。

②可小事：指二、五爻以陰柔居上下卦之中。陰為小，故只可做小事。

③不可大事：指三、四陽爻皆以剛失位而不中，故不可以做大事。

④飛鳥遺之音：鳥飛而音止。遺：墜，留。之：其。飛：一作「蜚」，飛的古字。

①小者過而亨：是卦辭的省文。小者指陰爻。此卦四陰二陽，故曰過。

②過以利貞二句：是說小過非過，而是配合時宜行事。

柔得中③，是以小事吉也。剛失位而不中④，是以不可大事也。

有飛鳥之象⑤焉。「飛鳥遺之音，不宜上，宜下。大吉」，上逆而下順也。

③柔得中：指六二、六五居上下二體之中。

④剛失位而不中：指九三、九四不中，而九四又陽居陰位，是失位不當。

⑤有飛鳥之象：二陽居中，像鳥身，四陰在外，像展開的鳥翼。有人以為這句話不像《彖傳》之辭。

直譯

《彖傳》說：〈小過卦〉象徵稍為過度，陰柔者雖稍為過度，卻仍然順利通達呀。稍為過度而有利於固守正道，是表示能和時勢配合來進行呀。

陰柔者守在中位，因此做小事吉祥呀。陽剛者位置不當而又不守中道，因此不可以做大事呀。

此卦有飛鳥的形象哪。所謂「飛鳥遺之音，不宜上，宜下。大吉」，是表示往上有違常理，而往下才順乎自然呀。

（二）大象傳

《象》曰：山上有雷①，小過。君子以行過乎恭，喪過乎哀，用過乎儉。②

①山上有雷：此卦艮下震上，艮為山，震為雷，故云。

②君子以下三句：以：用，因。此作「因而」講。三句中「過乎」的現象都是說比平常超過一些。

直譯

《大象傳》說：高山上有雷聲響起，（不利飛鳥高飛，）這是〈小過卦〉的象徵。君子取法它，因而行為會稍為恭謹一些，喪事會稍為哀傷一些，用度會稍為節儉一些。

補注

朱熹說：「山上有雷，其聲小過。三者之過，皆小者之過。」參閱「新繹」。

三、爻辭及小象傳

㈠ 初六：飛鳥以凶①。

《象》曰：「飛鳥以凶」，不可如何②也。

直譯

初六爻辭：像飛鳥急於高飛，好高騖遠，因而凶險。

《小象傳》說，所謂「飛鳥以凶」，是表示（自取其咎）無可奈何呀。

① 飛鳥以凶：此指初六以陰柔居陽位，又上應九四，急於向上，有如飛鳥急於高飛，過於躁進，可能自引禍端。以：及。及凶惹禍之意。

② 不可如何：無可奈何。表示咎由自取。

二 六二：過其祖，遇其妣①；不及其君，遇其臣。②无咎。

《象》曰：「不及其君」③，臣不可過④也。

直譯

六二爻辭：去拜訪他的祖父，有可能偶然遇見他的祖母；不能趕上去拜見他的君王，卻有可能偶然碰巧遇見他的臣子。沒有差錯。

《小象傳》說：所謂「不及其君」云云，是表示臣僕不可以超越尊上呀。

補注

按，此以人倫為喻。九三猶如六二之父，九四猶如六二之祖，而與六二相應，理當為九五之君，今為六五，俱屬陰爻，故稱為「遇其妣」；「不及其君」，九三、九四則皆臣子也。

①過：過訪，往訪。祖：祖父。此指九四。遇：不期而會。沒有事先約定，卻偶然相遇。妣：祖母。殷商時代，祖母以上皆稱妣。

②不及其君二句：指二爻與五爻在相應位置，但六二與六五不相應，六五居君位，故云不及其君。

③不及其君：爻辭「不及其君，遇其臣」的省文。

④臣不可過：是說不能超越其臣而過訪其君。一說：不可過訪其臣。

㊂九三：弗過，防之①；從或戕②之。凶。

《象》曰：「從或戕之」，凶如何也③！

直譯

九三爻辭：不去拜訪，卻又防備他；甚至從而有的去殺害他。凶險。

《小象傳》說：所謂「從或戕之」，這種凶險像什麼呀！

補注

此九三爻辭的斷句，宋儒以後，不少學者讀作：「弗過，防之；從，或戕之。凶。」從字斷句，是說表面順從他，但有的卻又暗地殺害他。

①弗過防之：不過訪卻又防禦之。指九三與上六相應，但九三過於剛強，而上六則為陰柔小人，故不相得。

②戕：殺害。

③凶如何也：多麼嚴重呀。程頤《伊川易傳》：「言其甚也。」

㊃九四：无咎，弗過，遇之。①往厲，必戒；②勿用永貞③。

①无咎三句：指九四以陽爻居陰位，而與初六正應。初六是陰柔小人，不去就沒事。

②往厲：往則厲。戒：戒備。

③勿用永貞：不用永遠中正，可以變通行事。一作「勿用，永貞」，是說不可採行，要永遠守正。

《象》曰：「弗過，遇之」，位不當也④。「往厲，必戒」，終不可長也。

直譯

九四爻辭：沒有過錯，不前去拜訪，卻偶然會碰巧遇見他。如果前往就危險了，一定要提防戒備；不用永遠守正。

《小象傳》說：所謂「弗過，遇之」，是由於所處地位不適當呀。所謂「往厲，必戒」，是表示前往畢竟不能長久呀。

五 六五：密雲不雨，自我西郊。①公弋②，取彼在穴③。

《象》曰：「密雲不雨……」④，已上也⑤。

直譯

六五爻辭：天空密布烏雲，卻不下雨，從我們京邑的西邊郊

④位不當也：指九四以陽居陰，又處在與初六必然相遇的不當位置上。

①密雲不雨二句：已見〈小畜卦〉卦辭。我：指本爻六五，居君位。

②弋：一種帶繩的箭，射出後還可以拉回來的射法。通常指射鳥而言。

③取彼在穴：彼，指陰爻六二。穴屬於陰，故稱穴。是說六五以陰爻居尊位，

外湧來。

王公用繩箭射，獵取牠在洞穴裡。

《小象傳》說：所謂「密雲不雨」云云，是表示密雲已在上空了呀。

補注

此爻用兩個不同的象徵來說明宜下不宜上的道理。

〈小畜卦〉的「密雲不雨」，是陰不足以畜陽，故陽「尚往」；此〈小過卦〉之「密雲不雨」，是陰過乎陽，故陰「已上」，皆陰陽不和之象。（見《周易折中》引龔煥之說）

「公弋」，可以對照初六的「飛鳥以凶」。六五雖居尊位，卻無作為，故稱公，但他強取六二以為助手，猶能過行其臣職，竭力除弊。胡瑗《周易口義》即云：「弋者，所以射高也；穴者，所以隱伏而在下也。公以弋繳而取穴中之物，猶聖賢雖過行其事，意在矯下也。」

沒有作為，強取六二以為助手。

④密雲不雨：六五爻辭的省文。

⑤已：同「以」。上：指雲。一說：同「尚」，庶幾之意。

六上六：弗遇，過之，①飛鳥離②之。凶。是謂災眚③。

《象》曰：「弗遇，過之」，已亢④也。

① 弗遇過之：指上六與九三相應，上六居於極位，強取九三以為助。
② 離：通「罹」，投入羅網。
③ 災眚：災是天災，眚是人禍。
④ 已亢：表示知進而不知退。亢：高。

直譯

上六爻辭：不是碰巧遇見，而是專誠去過訪他。像飛鳥投入它的羅網。凶險。這就叫做天災人禍。

《小象傳》說：所謂「弗遇，過之」，是表示自己已經飛得太高了呀。

補注

按，胡瑗《周易口義》：「上六過而不已，若鳥之高翔，不知所止，以至窮極，而離於凶禍，不能及於下，以圖其安。猶人之不近人情，亢己而行。故外來之災，自招之損，皆有之也。」

新繹

〈小過〉和〈大過〉相對。它們分別居於上下經的倒數第三卦。〈小過〉艮下震上，〈大過〉巽下兌上；〈小過〉以飛鳥為喻，「不宜上，宜下」；〈大過〉以棟橈為喻，「利有攸往」。〈小過〉又與〈中孚〉相錯。〈中孚〉兌下巽上，恰好與〈大過〉巽下兌上相反，殊堪玩味。〈小過〉是四陰包二陽，以「柔得中」為主；〈中孚〉則是四陽包二陰，以「柔在內而剛得中」為主。陰柔者小，即使過分，也只是小過。〈小過〉講的是儀度，〈中孚〉講的是誠心。儀度不妨謙遜，而內心則須端正。此其大概也。

〈小過〉以飛鳥為喻，占斷之辭是「亨，利貞」。卦辭的「飛鳥遺之音」，正用以說明上無所適、下則得安的道理。所以《彖傳》解釋說「上逆而下順也」，從初六的「飛鳥以凶」到上六的「弗遇，過之，飛鳥離之」，都是在說明一個道理：飛得愈高，摔得愈慘。所以《象傳》才以「山上有雷」為戒：「君子以行過乎恭，喪過乎哀，用過乎儉。」應用到社會人文上，行動過於恭謹，弔祭過於哀傷，用度過於儉省，即使過分了，也只是小事。事有大小，關係天下國家的大事，萬萬不可逾越本分，至於家常日用的小事，有時稍為超越常度，其實無傷大雅。〈小過〉要講的道理就在這裡。

程頤《伊川易傳》有云：「小者，過其常也。蓋為小者過，又為小事過，又為過之小。」又說：「陽大陰小。陰得位，剛失位而不中，是小者過也。故為小事過，過之小。小者而小事，有時而當過，過之亦小，故為小過。」這些話說得不錯。有時候，對人恭謹一些，弔祭哀傷一些，用度寬鬆一些，反而不是壞事。朱熹《周易本義》推闡程氏「陽大陰小」之說：「小，謂陰也。

為卦四陰在外，二陽在內，陰多於陽，小者過也。既過於陽，可以亨矣。然必利於守貞，則又不可不戒也。……」在《朱子語類》書中，朱熹又這樣說：「小過，是小事過，又是過於小。如行過乎恭、喪過乎哀、用過乎儉，皆是過於小。退後一步，自貶底意思。」朱熹所說的自貶，有時候恰恰是美德。

六十三、既濟卦

解題

濟，渡。既濟，已經過渡，即「已成」、「已定」之意。

本卦以六二為主爻。

一、卦形、卦體

䷾離下坎上

【卦形淺說】

卦體離下坎上，離為火，坎為水，水在火上，水淹火熄，有既濟之象，但水在火上，也有炊食已成之象。

二、卦名、卦辭

既濟：亨小，利貞①。初吉，終亂。

直譯

〈既濟卦〉象徵已渡已成：亨通是小的，宜於固守正道。起先吉利，最後容易混亂。

補注

朱熹《周易本義》：「亨小當作小亨。大抵此卦及六爻占辭皆有警戒之意。時當然也。」

屈萬里師《周易集釋》：「據《彖傳》卦辭當以『亨小』絕句。經文或原作小亨。」俞樾《群經平議》於《彖傳》「亨小者，亨也」句，讀作「亨，小者亨也」，又以為卦辭本無「小」字，故謂「小」字為衍文。查帛書本亦有「小」字，故其推測，有待商榷。

「初吉，終亂」，陳夢雷《周易淺述》：「水在火上，則水火有相濟之功，而其終也，有相克之患。蓋水能滅火，火亦能乾水。」

（一）彖傳

注釋

① 亨小，利貞：有人說「小」為衍文，也有人斷句：「亨，小利貞」，皆不宜。對照《彖傳》即知。亨小：原文似作「小亨」。小：指陰爻。

《象》曰：「既濟，亨小」者，亨也。「利貞」，剛柔正而位當①也。「初吉」，柔得中②也。終止則亂，其道窮也③。

直譯

《彖傳》說：所謂「既濟，亨小」的意思，也是亨通呀。所謂「利貞」，是由於陽剛、陰柔各爻居位都很端正，而且位置適當呀。

所謂「初吉」，是由於陰柔守住中道呀。到了最後停止不前，就產生混亂，是由於他的道路已到了盡頭呀。

補注

《周易折中》引俞琰之說：「三剛三柔皆正而位皆當，六十四卦之中，獨此一卦而已，故特贊之也。」

（二）大象傳

《象》曰：水在火上①，既濟。君子以思患而豫

①剛柔正而位當：本卦三陽三陰，陰陽各爻皆各當其位。即一、三、五都是陽爻，二、四、六都是陰爻。

②柔得中：指六二居下卦之中。得中必勝。

③終止：指上六居上卦之極。盛極必衰。窮：盡。

①水在火上：此卦坎上離下，坎為水，離為火，故云。

防②之。

直譯

《大象傳》說：水在火上，或是水澆熄了火，或是火煮開了水，這是〈既濟卦〉的象徵。君子取法它，因此憂慮水火成災，而且事先防備它。

補注

李白詩：「前水復後水，古今相續流。」白居易詩：「野火燒不盡，春風吹又生。」水恆動而火易燃，又容易釀禍成災，所以君子不能不思後患而預防之。

三、爻辭及小象傳

㊀初九：曳其輪①，濡其尾②。无咎。

《象》曰：「曳其輪……」③，義无咎④也。

②思患而豫防：居安思危。思患：擔心水火都能造成災害。豫：同「預」。之：指「患」。水火都可釀禍成災。

①曳：拖，拉住。自後面牽引車子。曳其輪，則車不能猛行。《孟子．離婁下》篇曾說：鄭國子產使人以車渡河，拖住車輪故車不能行。

②濡：沾濕。濡其尾：有些禽獸（像狐狸）尾巴沾濕即不能涉水速進。有的（像牛馬）則可。

③曳其輪：初九爻辭的省文。

④義无咎：義，事之宜。是說初九以陽居陽，上應六四。起初即宜守成，不可妄動。

直譯

初九爻辭：像車子被拖住它的車輪，像狐狸沾濕了尾巴，不敢冒然前進。沒有災禍。

《小象傳》說：所謂「曳其輪」云云，是表示理當沒有災禍呀。

補注

這是以車、狐為喻，曳輪則車不能速前，濡尾則狐不能速濟。說明濟渡之初，其難如此。

程頤《伊川易傳》：「狐能度水，濡尾則不能濟。其老者多疑畏，故履冰而聽，懼其陷也；小者則未能畏慎，故勇於濟。」

---

❷六二：婦喪其茀①，勿逐，七日得②。

《象》曰：「七日得」，以中道也③。

①茀：音「弗」，一作「髢」。古代婦人常見的裝飾。有首飾、假髮、蔽膝以及乘車的車帷等等不同的解釋。此取首飾之說。

②七日得：七天內可以復得。一卦六爻，一爻一日，到第七天即可，表示不久。

③以中道也：指六二以陰居下卦之中，上應九五，既中且正。

直譯

六二爻辭：像婦人喪失她的首飾，不用急著尋找，七天內可以找回來。

《小象傳》說：所謂「七日得」，是由於守住中正之道呀。

補注

初爻云「曳其輪」，是說車子過河，要曳引其輪。此爻云「婦喪其茀」，茀固指首飾，但若作車茀解，可承上文，亦頗可取。蓋古代婦女所乘車子，必有車帷蔽簾。

---

❸九三：高宗伐鬼方①，三年克之。小人勿用②。

《象》曰：「三年克之」，憊③也。

直譯

九三爻辭：殷高宗武丁征討強敵鬼方，三幾年才克服它。陰

① 高宗：殷王武丁。鬼方：殷商時北方國名。即後來所謂匈奴。卜辭中伐鬼方之文，皆在武丁之世。

② 小人勿用：指九三上應上六，上六陰極為小人。小人不可重用。

③ 憊：疲倦。指難對付。

柔小人不獲重用。

《小象傳》說：所謂「三年克之」，是表示疲於應付呀。

補注

「濟」也有濟天下之溺的意思，所以引高宗武丁伐鬼方為喻。「三年克之」，是說高宗伐鬼方，備極艱難，三幾年間，平了又反，都是因為有小人構惡其間，所以說「小人勿用」，也因此有疲憊之感。

四 六四：繻有衣袽①。終日戒②。

《象》曰：「終日戒」，有所疑也。

① 繻：音「儒」，輕羅，美服。一說：通「濡」，沾濕。有：或。衣袽：破衣敗絮。古人渡河，多備絮衣作船漏水時防堵之用。

② 終日戒：六四居上卦之始，以陰居陰，有戒懼之心。

直譯

六四爻辭：華麗的羅衣，也可能會變成破衣敗絮。整天戒懼防備。

《小象傳》曰：所謂「終日戒」，是表示有所疑懼呀。

五 九五：東鄰殺牛，不如西鄰之禴祭，①實受其福。

《象》曰：「東鄰殺牛」，不如西鄰之時②也。「實受其福」，吉大來③也。

① 東鄰殺牛二句：九屬陽，方位在東；六屬陰，方位在西。殺牛：牛為三牲之一。古代盛祭大典，殺牛以祭。此指九五。禴祭：已見前。古代的薄祭之禮，不必殺牛，通常在夏天舉行。此指六二。禴：一作「礿」。

② 時：時宜。

③ 大來：多至。

直譯

九五爻辭：東鄰殺牛舉行盛大祭典，還不如西鄰的舉行簡單的禴祭，反而實實在在受到神的福祐。

《小象傳》說：東鄰殺牛盛祭，還不如西鄰的把握時機、順應時令呀。所謂「實受其福」，是表示吉祥福祐紛紛來到呀。

補注

《禮記．坊記》鄭玄注：「東鄰，謂紂國中也；西鄰，謂文王國中也。」

六 上六：濡其首①，厲。

《象》曰：「濡其首，厲」，何可久也？②

直譯

上六爻辭：沾濕他的頭了，凶險。

《小象傳》說：所謂「濡其首，厲」，是說哪裡能夠長久呢？

新繹

〈既濟〉表示大功告成，似可結束了，但《序卦傳》說：「物不可窮也，故受之以〈未濟〉終焉。」終於〈未濟〉，是告訴大家，一切事物無窮無盡，生生不已，看似「已成」，實則「未成」。這就是《易經》的循環論。

〈既濟〉的卦名，是藉「涉水已渡」來比喻事已定、功已成，但全卦所要闡述的，卻是「守成不易」的道理。卦辭說：

①濡其首：參閱初九注。上六居上卦坎之首，坎為水，濡其首，象埋首水中，例如沉溺酒中。

②濡其首二句：李心傳《丙子學易編》以為二句自協韻，「厲」字疑衍。

「初吉，終亂」，是表示最初以為已濟之事，最終可能又復亂如初，所以不能不居安思危，早作預防。六爻中，初九的「曳其輪，濡其尾」，六二的「婦喪其茀」，九三的「高宗伐鬼方」，六四的「繻有衣袽」，九五的「東鄰殺牛，不如西鄰之禴祭」，上六的「濡其首」，無不借象設喻，寓此警戒之旨。

六十四、未濟卦

解題

未濟，即未成，尚未成功。

〈未濟卦〉和〈既濟卦〉是綜卦（爻形上下相反），也是錯卦（陰陽完全相反），「既」與「未」，交互為用。〈既濟卦〉是先吉後亂，〈未濟卦〉則是先亂後吉。

本卦以六五為主爻。

一、卦形、卦體

䷿坎下離上

【卦形淺說】

卦體離上坎下，離為火，坎為水，火往上燒，水往下流，不相交流，不相為用，有未濟之象。

二、卦名、卦辭

未濟：亨。小狐汔濟，濡其尾。①无攸利。

直譯

〈未濟卦〉象徵無成、未就：亨通。就像小狐狸幾乎已渡過河川，卻被水打濕了牠的尾巴。沒有什麼好處。

補注

《風俗通》：「里語稱：狐欲渡河，無如尾何！」可見在古人的觀念中，小狐狸渡河時，真的必須掀起尾巴，不沾水面，才容易濟渡。否則，尾巴沾濕了，就尾大不掉，不能速濟了。

喬萊《喬氏易俟》：「小狐，專指初也。〈既濟〉之亂在終，則〈未濟〉之難在初，過此未必不濟也。初爻詞亦曰『濡其尾』，則《象》中小狐指初，明矣。」意思是卦爻辭中的「小狐」，係指初爻而言。

注釋

① 小狐汔濟二句：以小狐渡河為喻。是說小狐狸渡河，幾乎接近成功了，頭已登岸，但尾巴卻被水打濕了，吉凶難卜。汔：音「氣」，幾乎，接近。一說：通「迄」。

（一）彖傳

《彖》曰：「未濟，亨」，柔得中①也。「小狐汔濟」，未出中②也。「濡其尾，无攸利」，不續終③也。雖不當位，剛柔應也。④

直譯

《彖傳》說：所謂「未濟，亨」，是由於柔順者能守住中道呀。所謂「小狐汔濟」，是表示還沒有脫出危難之中呀。所謂「濡其尾，无攸利」，是表示不能繼續下去，堅持到最後呀。雖然六爻陰陽都不當其位，但剛健和柔順卻又能互相呼應呀。

（二）大象傳

《象》曰：火在水上①，未濟②。君子以慎辨物居方③。

直譯

《大象傳》說：火在水上，是〈未濟卦〉的象徵。君子取法

① 柔得中：指六五以陰居上卦之中。

② 未出中：中指坎中，即危險之中。指九二處在下卦坎的中央。

③ 不續終：不能連續到底。

④ 雖不當位二句：指各爻陰居陽位，陽居陰位，皆不當位，但又各爻剛柔相應。

① 火在水上：此卦離上坎下，離為火，坎為水，故云。

② 未濟：火往上燃燒，水往下流動，背道而馳。此釋卦名及卦象。

③ 辨物居方：即《繫辭傳》所說的「方以類聚，物以群分」。方：方位。一說：事。

它，審慎的來辨別事物，確立方位。

補注

孔穎達《周易正義》：「火在水上，不成烹飪，未能濟物，故曰：火在水上，未濟。」

三、爻辭及小象傳

一 初六：濡其尾，吝。①

《象》曰：「濡其尾」，亦不知極②也。

直譯

初六爻辭：沾濕了牠的尾巴，招來羞辱。

《小象傳》說：所謂「濡其尾」，是由於不知道自己能力的極限呀。

補注

陳夢雷《周易淺述》：「〈既濟〉陽剛得正，離明之體，

① 濡其尾吝：見〈既濟卦〉初九爻辭。以狐狸為喻，初六居卦最下方，陰柔無力，還難以渡河。

② 不知極：不知終極所在。即《象傳》所謂「不續終」。一說：指初六居下失中。一說：極字恐是「敬」或「拯」之訛。

當既濟之時，知緩急而不輕進，故无咎。此則才柔不正，坎險之下，又當未濟之時，冒險躁進，則至于濡尾而不能濟矣，故吝。」

二 九二：曳其輪，貞吉。①

《象》曰：九二「貞吉」，中以行正②也。

直譯

九二爻辭：就像渡河時，向後面能拖住車子的車輪，能堅守正道就吉祥。

《小象傳》說：九二爻辭所說的「貞吉」，是由於守中，可以推行正道呀。

三 六三：未濟，征凶。利涉大川①。

①曳其輪二句：曳其輪，亦見〈既濟卦〉初九爻辭。指九二以陽爻居陰位，雖其位不正，但能恭順上應六五，予以支援，故貞吉。

②中以行正：指九二居下卦之中，能堅守正道，克制自己，不會逞強。

①利涉大川：指六三如敢冒險犯難，也有可能有利於涉渡大河。

《象》曰：「未濟，征凶」，位不當也②。

②位不當也：指六三居下卦坎的最上方，既柔弱，又不中不正，坎象水象險，故云。也因此有人以為下句當作「不利涉大川」。帛書本無「不」字。

直譯

六三爻辭：還沒渡過大河川，如果急於前進速行，會有凶險。（不）利於涉渡大河川。

《小象傳》說：所謂「未濟，征凶」，是因為所處位置不適當呀。

補注

六三爻辭既言「征凶」，又言「利涉」，二者似有矛盾。朱熹《周易本義》云：「或疑『利』字上，當有『不』字。」李心傳《丙子學易編》據《小象傳》「未濟，征凶，位不當也」之文，斷定爻辭「利涉大川」上「宜有『不』字。」

四 九四：貞吉，悔亡。震用伐鬼方①，三年有賞于大國②。

①震用伐鬼方：參閱〈既濟卦〉九三爻辭。震：懼。有震動、震驚之意。一作「祗」，敬。

②三年有賞于大國：是說經過三年苦戰，終於打敗了鬼方，論功行賞，有的成了諸侯大國。

《象》曰：「貞吉，悔亡……」③，志行④也。

直譯

九四爻辭：固守正道就吉祥，悔恨之事也消失不見了。就像高宗武丁奮起派兵來征伐鬼方，經過三年苦戰，終於有的封賞成為大國的諸侯。

《小象傳》說：所謂「貞吉，悔亡」云云，是由於征伐鬼方的志願，能夠實現呀。

五 六五：貞吉，无悔。君子之光①，有孚，吉。

《象》曰：「君子之光」，其暉②吉也。

直譯

六五爻辭：堅守正道就吉祥，沒有悔恨之事。這是君子人物的光榮，值得信賴，吉祥。

③貞吉悔亡：九四爻辭的省文。

④志行：志願能夠實現。指「震用伐鬼方」而言。九四陽居陰位，不中不正，本當後悔，但因堅守正道，奮發有為，故貞吉悔亡。

①君子之光：君子指有地位有德行的人。六五居上卦離（即光明）之中，下應九二，處尊而虛心，故貞吉無悔。

②暉：同「輝」，擴散的光芒。

《小象傳》說：所謂「君子之光」，是表示他的光輝美好吉祥呀。

補注

李光地《周易折中》引楊萬里之說：「六五逢未濟之世而光輝，何也？日之在夏，曀之益熱；火之在夜，宿之彌熾。六五變未濟為既濟，光明之盛，又何疑焉？」

六上九：有孚于飲酒，无咎。①濡其首，有孚，失是②。

《象》曰：「飲酒」、「濡首」③，亦不知節④也。

直譯

上九爻辭：值得信賴到可以飲酒為樂，並沒有什麼差錯。但如果像狐狸那樣沾濕牠的頭而依然沉湎其中，那麼原來值得信賴的事，就會有失正道。

① 有孚于飲酒二句：指上九處〈離卦〉之極，陽剛而明，與六五親比，誠信交往，自可无咎。
② 失是：不當。是說失去誠信，有違正道。
③ 飲酒、濡首：上九爻辭的省文。
④ 節：節制。

《小象傳》說：所謂「飲酒」、「濡首」云云，也就是表示不知自我節制呀。

補注

李簡《學易記》：「〈未濟〉之終，甫及〈既濟〉，而復以濡首戒之。懼以終始，其要无咎：此之謂《易》之道也。」

新繹

程頤《伊川易傳》有一段話講得真好：「既濟矣，物之窮也。物窮而不變，則無不已之理。《易》者，變易而不窮也。故既濟之後，受之以未濟而終焉。未濟，則未窮也。未窮則有生生之義。為卦離上坎下，火在水上，不相為用，故為未濟。」他把「乾坤成列，八卦相蕩」的道理，把既濟、未濟相互為用，「物不可窮」的道理，都簡明概括出來了。

所以李光地《御纂周易折中》的總論曾經這樣引用鄭汝諧之說：「既濟，初吉終亂；未濟則初亂終吉。以卦之體言之，既濟則出明而之險，未濟則出險而之明。以卦之義言之，濟于始者必亂于終，亂于始者必濟于終。天之道，物之理，固然也。」這是概括《易經》卦體卦義總體來說的，如果回到〈未濟卦〉的六爻，分別來看，則《周易折中》又引邱富國之說：「內三爻，坎險也。初言濡尾之吝，二言曳輪之貞，三有征凶、位不當之戒，皆未濟之事也。外三爻，離明也。四言伐鬼方，有賞；五言君子之光，有孚；上言飲酒，无咎，則未濟為既濟矣。」由此可見，邱富國的分析也非常簡易明白。

然而《易》之道，不止明白簡易即可，又須明白不易中有變易，變易之中有不易。例如此卦上九、六五已由「未濟」轉為「已濟」，已濟是已成、已定，但上九卻又說「濡其首，有孚，失是」，這是表示如果沉湎酒色，縱欲無度，仍然又將重返「未濟」。

這，就是《易》之道。

周易新繹 通論編【下】

作者——吳宏一
主編——曾淑正
企劃——葉玫玉
美術設計——陳春惠

發行人——王榮文
出版發行——遠流出版事業股份有限公司
地址——台北市中山北路一段十一號十三樓
劃撥帳號——0189456-1
電話——（02）25710297
傳真——（02）25710197

著作權顧問——蕭雄淋律師
二〇二二年九月一日 初版一刷（印數：二〇〇〇冊）
售價——新台幣四八〇元

ISBN 978-957-32-9699-7（平裝）

遠流博識網 http://www.ylib.com
E-mail: ylib@ylib.com

國家圖書館出版品預行編目（CIP）資料

周易新繹：經傳編 / 吳宏一著. -- 初版. -- 臺北市：
遠流出版事業股份有限公司, 2022.09
面； 公分
ISBN 978-957-32-9698-0（上冊：平裝）
ISBN 978-957-32-9699-7（下冊：平裝）

1. CST: 易經 2. CST: 注釋

121.12 111012091